Egloff Schwaiger

Laser - Licht von morgen

Biographie eines Phänomens

Ehrenwirth

ISBN 3 431 01305 8

Druck: Georg Wagner, Nördlingen
Druck der Tafeln: Pera-Druck KG, München
Printed in Germany 1971 a

Inhalt

siehst nach zuviel Arbeit aus. Ich bin ein wenig müde, gab ihm Frank zur Antwort, aber nicht von der Arbeit; ich bin vielleicht ein wenig zivilisationsmüde. Doch das kam schon wieder mit einem Lächeln, als hätte Frank es nicht ernst gemeint. Sie sprachen auch nicht weiter darüber. Wenn Frank so lächelte, wollte er etwas abtun. Und es war damit abgetan, bis zu diesem Augenblick.

Marcel schaute auf seine Uhr. Er hatte sich verspätet, es war bereits halb acht. Um sieben wollte er zu Hause sein. Nel würde mit dem Essen auf ihn warten. Er hätte sie anrufen und ihr sagen sollen, daß es länger dauert. Er hätte das schon vom Verlag aus tun können, aber als er mit dem Cheflektor über sein neues Buch sprach, dachte er nicht an die Zeit. Daß er auch vom Wagen aus nicht anrief, daran war Frank schuld.

Er überlegte, ob er Nel davon erzählen sollte. Sie würde ihn vermutlich davon überzeugen wollen, Frank habe das von der Zivilisationsmüdigkeit nur so hingesagt. Er könnte ihr wohl kaum begreiflich machen, warum er diese flüchtige Bemerkung mit einemmal ernst nahm. Das hatte nichts mehr mit Frank zu tun, es galt ihm selbst. Er hatte endlich eine Erklärung für die Interesselosigkeit und Gleichgültigkeit gefunden, die er während der letzten Jahre immer häufiger an sich feststellte und die er nicht wahrhaben wollte, weil er sie als Anzeichen einer allmählich sich ausbreitenden Ermüdung empfand. Die plötzliche Erkenntnis, daß es offenbar keine körperliche Ermüdung war, machte ihn geradezu froh. Nel, die seine Stimmungen immer mit noblem Schweigen hinnahm, würde nachher nicht so peinlich rücksichtsvoll an ihm vorbeisehen müssen, wie sie es jedesmal tat, wenn sie sein verschlossenes Gesicht sah.

Marcel tippte auf die Wähltasten neben seinem Sitz und wartete darauf, daß Nel sich meldete. Er hatte auch die Kenntaste gedrückt, damit sie am Videophon gleich sah, daß der Anruf von seinem Wagen kam.

»Wo bist du, Marcel?«

Ihre Stimme klang so klar aus dem Lautsprecher, als säße sie neben ihm.

»Ich fahre gerade unter dem Nordpark durch. Wenn ich den Stern passiert habe, nehme ich die Schnellstraße und bin in zehn Minuten da.«

»Ich habe im Verlag angerufen, Dr. Wolters sagte, du seist schon vor einer Viertelstunde weg. Ich dachte, du würdest vielleicht noch bei Neolux vorbeischauen wegen des neuen Videoschirms. Micha hat mich darauf gebracht, er spricht doch seit Tagen davon. Von seiner Klasse haben jetzt schon vier oder fünf zu Hause einen Duplexschirm.«

»Ich weiß, er hat mir das auch erzählt. Ich habe ihm versprochen, daß ich mir den Schirm mal anschaue. Aber es muß nicht immer alles sofort geschehen, was Micha sich einbildet.«

»Hast du gehört, Marcel, die Jet-Katastrophe ist aufgeklärt. Es war ein ganz gemeines und raffiniertes Verbrechen. Man hat den Attentäter schon. Einer der Sucher des Erkennungscomputers hat ihn auf dem Ostflughafen entdeckt. Er wollte nach Sidney. Man hat ihn in der Maschine verhaftet.«

»Es sah doch zunächst so aus, als sei es ein Unglück gewesen, als sei die Maschine durch irgendein technisches Versagen ins Meer gestürzt.«

»So sollte es auch aussehen. Der Kerl, ein Chemiker, hatte zuvor seinen eigenen Bruder umgebracht, war dann mit dessen Ticket und Paß an Bord des Jets gegangen und bis London mitgeflogen. Bevor er die Maschine, die nach New York weiterflog, verließ, brachte er neben seinem Fenstersitz eine kleine Sprengladung an, die dann über dem Atlantik explodierte und die Maschine abstürzen ließ. Das Ganze war ein teuflisch ausgeklügelter Plan: Der Mörder wollte seinen wohlhabenden Bruder beerben und außerdem eine hohe Versicherungssumme kassieren. Du mußt die Geschichte, wenn du heimkommst, selbst nachlesen. Bis dahin wird sie sicher schon unter den neuesten Videomeldungen stehen. Ich habe sie zufällig im Radio gehört, als ich in der Küche das Essen vorbereitete. Ich habe Micha versprochen, daß wir auf dich warten und gemeinsam essen, obwohl er dann wieder so spät ins Bett kommt. Aber wir dachten eben, du kämst früher. Ist Dr. Wolters mit deinem Manuskript einverstanden, nachdem du den letzten Teil auf seinen Wunsch hin etwas erweitert hast?«

»Wir haben noch ein paar Kleinigkeiten geändert, und es soll jetzt möglichst rasch gesetzt werden.«

»Sag mir das nachher, Mel. Ich decke inzwischen den Tisch. Denk daran, daß wir noch Frank anrufen müssen, er hat heute Geburtstag. Also bis gleich, Mel.«

Marcel mochte es, wenn Nel ihn so nannte. Der fast gleiche Klang

werden. An den meisten Kreuzungen waren häßliche graue Ampeln aufgestellt oder aufgehängt, deren Beachtung oder Nichtbeachtung das recht fragwürdige Maß für die Sicherheit aller war.
Wie konnten es die Menschen damals hinnehmen, so mutwillig gefährlich zu leben? Die Schilderungen seines Vaters erschienen Marcel kaum weniger glaubhaft als die seines Großvaters, wenn von dem letzten großen Krieg die Rede war. Daß einer in seinem Wagen Schaden erleiden könnte, war für ihn genauso unwahrscheinlich wie die Möglichkeit, daß ein Jet abstürzte und Hunderten von Menschen den Tod brachte.
Die Nachricht von dem Unglück über dem Atlantik, die vor wenigen Tagen über die Welt verbreitet wurde, traf alle wie ein Schlag. Keiner konnte sich vorstellen, was an einem vielfach abgesicherten und Jahrzehnte erprobten Flugsystem versagt haben könnte. Jetzt, nachdem ihm Nel des Rätsels Lösung angedeutet hatte, fragte er sich, warum er eher an einen technischen Fehler als an ein Verbrechen glaubte, wie es einige seiner Bekannten taten. Eine Bombe in einem Jet, das kannte er nur von Berichten aus seiner Kindheit. Die automatische Überwachung der Frachten und Gepäckstücke, die ein Jet aufnahm, war längst so perfekt, daß jeder an Bord geschmuggelte Sprengsatz und jedes den Flug gefährdende Gerät sofort entdeckt werden konnte. Wie hatte es dieser Verbrecher und vielfache Mörder angestellt, unbemerkt eine Sprengladung in der Maschine anzubringen? Diese Frage beschäftigte Marcel, bis er zu Hause ankam.
Nel empfing ihn trotz seiner fast einstündigen Verspätung ohne Vorwurf. »Du mußt einen ordentlichen Hunger haben, Mel. Du hast doch seit dem Frühstück nichts gegessen? Es ist alles fertig. Komm bitte gleich an den Tisch.«
Marcel hatte den ganzen Tag über gar nicht ans Essen gedacht. Wenn ihn etwas beschäftigte, konnte er es einfach vergessen. Er kam auch nie auf die Idee, mittags allein in ein Restaurant zu gehen. Einmal, weil er nur in Gesellschaft gern aß, und zum anderen, weil ihn eine ausgedehnte Mittagspause aus dem Arbeitsrhythmus brachte und träg werden ließ. Aber jetzt, da er die letzten Korrekturen an seinem Manuskript und die abschließende Besprechung im Verlag hinter sich hatte, verspürte er einen wohligen Appetit.
Micha, dem Nel offensichtlich verboten hatte, gleich wieder von dem Duplexschirm anzufangen, erwähnte während des Essens mit rührend geheuchelter Gleichgültigkeit den Mars-Thriller, der am späte-

ren Abend im Fernsehprogramm stand. Zur gleichen Zeit, zu der auf einem anderen Kanal »Don Giovanni« gebracht wurde.

»Ich habe einige Szenen gesehen, als ich über den Stern fuhr«, sagte Marcel. »Neolux verbindet seine Duplex-Werbung geschickt mit einer Programmvorschau.«

»Hat man sich denn im Stadtparlament endlich entschieden, ob die Wolkenreklame abgeschafft oder beibehalten werden soll?«, fragte Nel.

»Ich glaube nicht, daß sie sich so rasch einig werden«, meinte Marcel. »Die Gegner und Fürsprecher scheinen sich vorerst die Waage zu halten. Dr. Wolters, mit dem ich kurz darüber sprach, weil man sich im Verlag offenbar überlegt, ob man für das neue Buch auch in der Wolkenreklame werben soll, erzählte mir, daß in der letzten Parlamentssitzung zwei unabhängige Gutachter der Akademie für Verkehrstechnik bestellt wurden, die innerhalb der nächsten Wochen mit Simulatoren und Computerberechnungen ermitteln sollen, ob der Stadtverkehr durch die Ablenkung der Autofahrer wirklich merklich gehemmt wird. Daß der künstliche Wolkenschleier die Luftfeuchtigkeit in der Innenstadt erhöhe, ist angeblich durch entsprechende Messungen widerlegt worden. Die chemische Industrie, für die der tägliche Abendschleier eine ganz beachtliche Einnahmequelle ist, hat ihrerseits Gutachten vorgelegt, die beweisen, daß die dünne Wolkenschicht die nächtliche Wärmeabstrahlung vermindert und in den kühleren Monaten ein milderes Stadtklima bewirkt. Für die Herren von der städtischen Finanzverwaltung, die mit einem Verbot der Himmelswerbung Millionen an Werbegebühren davonschwimmen sehen, kamen diese Gutachten gerade zur rechten Zeit. Aber die Entscheidung wird vermutlich mit dem angeforderten Verkehrsgutachten fallen.«

»Ich würde es sehr bedauern«, sagte Nel, »wenn dieses hübsche Himmelskaleidoskop abgeschafft würde. Mich hat es nie gestört. Ich freue mich sogar jedesmal darüber, wenn wir abends zum Einkaufen, ins Konzert oder ins Theater fahren. Der stumme bunte Bilderwechsel hat etwas von einem Feuerwerk an sich. Er macht den ganzen Bereich um den Stern herum zu einem geschlossenen Raum. Ich komme mir immer vor wie in einem riesigen Saal, in dem es fröhlich und festlich hergeht. Die Musik und die Werbetexte hört man ja nur im Wagen, wenn man sein Radio darauf einstellt. Wer sie nicht hören will, schaltet eben nicht ein. Und ich weiß nicht, Marcel, ob

»Ich möchte, daß er sich wenigstens in der Zeit, in der er zu Hause ist, wie ein Kind beschäftigt. Er soll von mir aus spielen und lesen, aber er soll nicht dauernd vor diesem Videoschirm sitzen und sich Dinge vorgaukeln lassen, die zwar phantastisch gemeint sind, die sich aber in so infamer Weise als Realität darbieten, daß Micha seine Phantasie und seinen Spieltrieb nur noch auslebt, indem er sich in diese blödsinnigen Geschichten miteinbezogen fühlt. Das ist auch der Grund, weshalb ich gar nicht daran denke, einen Duplexschirm anzuschaffen. Bis jetzt konnten wir Micha ganz einfach vom Schirm wegbringen, weil wir uns etwas anschauten, was ihn nicht interessierte. Mit dem Duplexschirm hätten wir kein Argument mehr, ihn vom Fernsehen abzuhalten. Zumindest kein Argument, dem er sich mit Einsicht beugen würde. Wir säßen, jeder die Hörknöpfe im Ohr, vor dieser Wand und würden, der eine dieses, der andere jenes dahinter sich abspielen sehen und uns wie Irre vorkommen, die nebeneinander in verschiedenen Welten leben. Stell dir doch vor, wir beide sähen uns zum Beispiel heute abend den ›Don Giovanni‹ an, und neben uns säße Micha, der sich in einem Raumschiff wähnte und in ein Abenteuer verstrickt fühlte, bei dem er sich am liebsten durch den Schirm stürzen würde. Er weiß doch, wenn ihn etwas packt, gar nicht mehr, daß der Raum, der hinter dem Schirm erwächst, und daß alles, was in diesem Raum geschieht, eine Fiktion ist.«

»Ich sehe das ja alles ein, Mel. Aber was sagst du ihm, wenn er damit ankommt, daß andere das zu Hause längst haben?«

»Wir müssen uns dagegen wehren, Nel, das zu haben und zu tun, was die anderen und was vielleicht sogar die meisten haben und tun. Wenn sich alle danach richten, gibt es nur noch Menschen, Ehepaare und Familien, wie sie die sterilen und uniformen Werbeszenen zeigen. Ich habe auch keine Komplexe davongetragen, weil mir mein Vater manches nicht erlaubte, was anderen und vielen erlaubt wurde. Ich war, selbst wenn ich gelegentlich darunter litt und mir wie ein bedauernswerter Außenseiter vorkam, doch insgeheim immer wieder stolz auf meinen Vater, weil er eben anders war, weil er, auch wenn ich sie nicht begriff, feste Vorstellungen vom Vernünftigen und Richtigen hatte. Aber laß uns jetzt davon aufhören, Nel. Wir wollen kein Familienproblem daraus machen. Hast du was dagegen, wenn ich die Zeitungen durchsehe?«

»Du mußt dir vor allem die Nachricht über die Jet-Katastrophe anschauen«, sagte Nel im Aufstehen. Sie ging zu der Schrankwand mit dem verdeckt eingebauten Schaltpult, stellte den Pressekanal ein und begann, während Marcel zwei Sessel zurechtrückte, an dem drahtlosen Sucher zu drehen, mit dem man von jedem Platz aus die wichtigsten Tageszeitungen Seite um Seite auf den Schirm bringen konnte. Unter der Rubrik »Das Neueste« erschien auf der großen, in die Wand eingelassenen Videoscheibe als erstes die Meldung von dem teuflischen Verbrechen.

MASSENMORD AUS HABGIER, lautete die Schlagzeile. Und weiter hieß es: Die vierhundertdreiundzwanzig Passagiere des Atlantik-Jet 731 mußten sterben, um einen Brudermord als Unglück erscheinen zu lassen. Kurz nach siebzehn Uhr wurde heute auf dem Ostflughafen der siebenunddreißigjährige Chemiker Friedrich Pronca verhaftet, der durch einen lang und sorgfältig vorbereiteten Plan am 4. September über dem Atlantik den Jet 731 zum Absturz brachte. Pronca gestand bereits bei der ersten Vernehmung in allen Einzelheiten, wie er bei diesem schwersten Verbrechen der jüngeren Kriminalgeschichte vorgegangen war.

Er hatte am Abend des 3. September nach einem gemeinsamen Theaterbesuch seinen Bruder, den erfolgreichen Börsenmakler Karl Pronca, gebeten, ihn am nächsten Vormittag gegen zehn Uhr in seiner Wohnung zu besuchen. Er wollte dem Bruder angeblich ein Geschenk für Freunde in New York mitgeben. Er wußte, daß Karl Pronca für den nächsten Tag einen Platz in dem Atlantik-Jet 731 gebucht hatte, um zu einer geschäftlichen Besprechung nach New York zu fliegen. Als der Bruder zur verabredeten Zeit zu ihm kam, bot ihm Friedrich Pronca einen Pernod an, der ein rasch wirkendes Gift enthielt. Karl Pronca war nach wenigen Minuten tot. Der Mörder zog dem Opfer Anzug, Hemd und Krawatte aus, legte die Leiche in eine mit Teflon ausgegossene Kühltruhe und schüttete dann Königswasser, eine der stärksten Säuren, darauf. Als Chemiker wußte Friedrich Pronca, daß Königswasser, ohne die Teflonhülle anzugreifen, die Leiche in kurzer Zeit restlos auflösen würde. Er zog dann den Anzug seines Bruders an, der ihm an Größe, Gestalt und auch Aussehen ziemlich ähnlich war, nahm dessen Paß, Flugschein und Koffer an sich und fuhr gegen dreizehn Uhr in einem Taxi zum Ostflughafen. Er gab am Abfertigungsschalter den Koffer auf, ließ sich die Bordkarte geben und ging anschließend in das Büro der auf dem Flughafen stationierten Versicherungsgesellschaft, um

angefertigt, der keinerlei Metall enthielt. Er mußte auch nur so bemessen sein, daß er in die Rumpfwand der Maschine ein kleines Loch sprengte. In einer Flughöhe von zwanzigtausend Metern genügte das, um den Jet durch den plötzlich einsetzenden Druckunterschied explodieren zu lassen. Das Ganze muß sich in Bruchteilen von Sekunden abgespielt haben, denn die ständige Funkverbindung brach mit einemmal ab.
Pronca konnte sich in der Gewißheit wiegen, einen perfekten Massenmord begangen zu haben, der nie aufzuklären sein würde. Durch einen Zufall erfuhr er aber zwei Tage nach seinem Verbrechen, daß die Versicherungsgesellschaften seit einiger Zeit von jeder Person, die an einem Automaten oder am Schalter eines Büros eine Flugversicherungspolice erwirbt, ein räumliches Bild aufnehmen, das zusammen mit der Nummer der Police elektronisch gespeichert wird. Pronca, der nunmehr annehmen mußte, daß auch sein Bild festgehalten worden war und daß eine Überprüfung ihn als Fluggast entlarven würde, versuchte heute nachmittag vom Ostflughafen aus nach Sidney zu fliegen, um irgendwo in Australien unterzutauchen. Die Überprüfung der Policen und Aufnahmen und der Vergleich mit den in den Paßämtern vorliegenden Bildern hatte aber noch rechtzeitig auf seine Spur geführt. Da Pronca heute nachmittag weder zu Hause noch in seinem Labor anzutreffen war, wurde sein Bild in den Erkennungscomputer eingegeben, und an allen Stellen, die er auf einer eventuellen Flucht aus der Stadt passieren mußte, wurden die an den Computer angeschlossenen Sucher aufgestellt. Einer der Flughafensucher entdeckte ihn, als er kurz vor siebzehn Uhr die Abfertigungshalle betrat. Wenig später konnte er in der Maschine, die um siebzehn Uhr fünfzehn nach Sidney flog, verhaftet werden. Friedrich Pronca ist des Mordes an vierhundertvierundzwanzig Menschen angeklagt. Er hat unter der Last des Bildbeweises bereits ein umfassendes Geständnis abgelegt.
Nel, die mit der Rändelscheibe des Fernbedienungsreglers das vergrößerte Schriftbild langsam über den Videoschirm hatte gleiten lassen, drehte nicht mehr weiter. Die folgenden Meldungen über eine Tagung des Weltwirtschaftsrates und über den in der Nachmittagssitzung des Europaparlaments gefaßten Entschluß zum Bau eines neuen Fusionskraftwerks interessierten die beiden nicht mehr.
»Wie kann ein Mensch zugleich so intelligent und so grausam sein«,

sagte Nel, die zutiefst erschüttert war, obwohl sie die Zusammenhänge des Verbrechens bereits kannte.
»Grausam sind meist nur die Intelligenten«, erwiderte Marcel, »jedenfalls unter den Erwachsenen. Kinder und dumme Menschen können, glaube ich, im Grunde gar nicht grausam sein, weil sie nicht genau und bis ins kleinste überlegen, was sie tun. Das erst macht doch die Grausamkeit aus. Ich frage mich eher, warum intelligente Menschen heute noch ein Verbrechen begehen. Wenn sie wirklich intelligent wären, müßten sie wissen, daß sich kein Verbrechen mehr lohnt, weil so gut wie keines denkbar ist, das unaufgeklärt bleibt. Alle die Kriminalgeschichten in Büchern und im Fernsehen sind doch nur noch dazu angetan, den Leser oder Zuschauer in Spannung zu versetzen, um ihm auf diesem merkwürdigen Umweg die Ausweglosigkeit jedes Verbrechers zu beweisen. Für Interkrim arbeiten so viele hervorragende Physiker, Chemiker und Techniker, daß es beinahe ausgeschlossen ist, die Spuren und Fährten eines Verbrechens völlig zu verwischen. Diese Wissenschaftler leben nicht von der Intelligenz, sondern von der Dummheit der Verbrecher, die immer wieder glauben, die modernen Methoden der Kriminalistik durch genial ausgeklügelte Pläne ausschalten zu können. Wer heute ein perfektes Verbrechen begehen will, kommt mir vor wie einer, der meint, er könne doch noch das Perpetuum mobile erfinden. Manchmal habe ich den Eindruck, daß den Verbrecher die Kraftprobe mit den Kriminalisten mehr reizt als der materielle Gewinn.
Du schaust mich zweifelnd an, Nel, aber ich meine das ernst. Früher, als man nach einem geglückten Bankraub auf einen anderen Kontinent flüchten und dort mehr oder weniger gefahrlos seine Beute genießen konnte, weil keiner den Nachweis des Vermögens verlangte, da war ein kriminell erworbener Reichtum noch ein Anreiz. Aber seitdem es die Weltgesetzgebung, die lex mundi gibt, ist jeder überall ein offenes Buch. Der Fiskus wacht mit Argusaugen über ihn, selbst im entferntesten und verborgensten Winkel.«
»Findest du das so glücklich?«, fragte Nel, die solche Abende genoß, an denen Marcel mit seinen Gedanken aus sich herausging. Sie hatte oft das Gefühl, daß er das meiste mit sich selbst abmachte und ihr viel zu selten Einblick in das gab, womit er sich beschäftigte. Es kam ihr dann immer vor, als hielte er sie nicht für klug genug, um mit ihr darüber reden zu können. Sie hatte es ihm einige Male direkt

legen mußte, was er Nel antworten sollte. Warum sprach sie ihn gerade an diesem Abend darauf an? Vor zwei Stunden, im Wagen, waren seine Gedanken fast quälend um dieses Wort gekreist, ohne daß er es vor sich ausgesprochen hatte. Wie konnte er Nel eine Erklärung geben, um die er selbst noch rang?

»Ich glaube nicht, daß ich unzufrieden bin«, sagte Marcel endlich. »Ich hätte keinen Grund dazu.« Er wußte, daß er mit dieser Antwort nicht ganz aufrichtig war. Es klang auch nicht sehr überzeugend. Das konnte er an Nels Gesicht ablesen, an ihrem verständnisvollen Abwarten, das ihn seine Ratlosigkeit nur noch deutlicher fühlen ließ. Er schwankte einen Augenblick, ob er nicht doch mit ihr über Frank und dessen Bemerkung von damals reden sollte. Nach ihrer Frage, der er, um Aufschub zu gewinnen, mit einer nichtssagenden Antwort ausgewichen war, würde Nel, wenn er ihr sagte, was ihn im Zusammenhang mit Frank seit geraumer Zeit beschäftigte, ohne Zweifel anders reagieren, als er es sich während der Heimfahrt vorgestellt hatte. Es war immerhin naheliegend, davon zu sprechen, da sie ja Frank nachher anrufen wollten. Aber Marcel ahnte, daß das Gespräch, wenn er davon anfinge, in eine Analyse münden würde, vor der er sich scheute. Er merkte genau, wieviel Nel, die noch immer nichts sagte, daran lag, daß er einmal ernst und offen über sich mit ihr sprach. Ihr Schweigen war wie eine stumme Bitte. Er wollte sie nicht enttäuschen. Er gab sich auch Mühe, seine Scheu zu überwinden. Er suchte nach einem Ansatz, um Nel wenigstens erkennen zu lassen, daß er bereit war, so mit ihr zu reden, wie sie es erwartete. Doch je mehr er sich anstrengte, um so weniger vermochte er seine Gedanken zu ordnen und zu formulieren. Er fühlte sich geradezu peinigend einer Hemmung, einem Zwang unterworfen, der ihm verbot, über das zu sprechen, was er offenbar aus Selbstschutz immer vor sich verborgen hatte: eben jene Unzufriedenheit, von der er nunmehr wußte, daß sie nicht nur einer von Zeit zu Zeit aufkommenden Stimmung entsprang.

Doch selbst das konnte Marcel nicht aussprechen. Er brachte es einfach nicht fertig zu sagen: Verzeih mir, Nel, aber ich finde in mir selbst keine Erklärung für das, was dich beunruhigt. Obwohl er wußte, daß sie ihn verstehen und sich damit zufriedengeben würde. Er machte sich schließlich mit einer Frage frei, die er so unvermittelt aussprach, wie sie ihm einfiel: »Hast du die Unzufriedenheit, die du in mir vermutest, je auch an Frank bemerkt?«

»An Frank? Wie kommst du darauf? Ich kenne keinen anderen, der sein Leben so nüchtern und gelassen einzurichten weiß wie er. Frank mag vielleicht manchmal mit sich unzufrieden sein, er ist einsichtig und selbstkritisch genug dazu. Aber ich glaube nicht, daß er an einer tiefsitzenden Unzufriedenheit leidet. Er hat die glückliche Gabe, sein Leben stets genauso in den Griff zu bekommen wie seine physikalischen Probleme. Oder bist du anderer Ansicht? Du kennst ihn länger und besser. Warum denkst du überhaupt an ihn? Doch nicht nur deshalb, weil ich dich daran erinnert habe, daß wir ihm zu seinem Geburtstag gratulieren sollten.«
Es war keine List von Marcel, daß er mit seiner Frage die Rede auf Frank brachte. Er wollte Nel nicht ablenken. Aber er war froh, daß er einen Abstand gewonnen hatte, der es ihm leichter machte, mit ihr weiterzusprechen.
»Ich meinte nur, daß Franks köstliche Ironie, die manchen und manches so gar nicht schont, auch als Unzufriedenheit gedeutet werden könnte. Wenn du aus meiner scharfgeschliffenen Ausdrucksweise, wie du sie nennst, und aus meiner Skepsis mitunter nicht nur Ironie, sondern Zynismus heraushörst, dann könnte das doch einfach daran liegen, daß du um mich besorgter bist als um Frank. Daß ich manchmal Stimmungen unterliege, die meine Äußerungen etwas verschärfen, sollte dich nicht ernsthaft kümmern.«
Marcel hatte, während er das sagte, einen so beruhigenden Ton in seiner Stimme, daß Nel keinen Verdacht schöpfte, er wolle ihr etwas verhehlen.
»Wenn es so ist, wie du sagst, mache ich mir keine Gedanken mehr, Mel. Ich hoffe nur, daß es so ist.«
Marcel überging den kleinen Zweifel, der in Nels letzten Worten mitschwang. Würde er ihn aufgreifen, dann begänne von neuem, was er glücklich hinter sich gebracht hatte.
Ganz unbefangen sagte er: »Wollen wir jetzt, nachdem wir ja gerade über ihn gesprochen haben, Frank anrufen?« Er rechnete kurz nach, daß es für Frank jetzt Mittag war. Sie würden ihn also, wenn er nicht irgendwo auf Reisen war, in seiner Wohnung erreichen können. In seinem Institut hatte er keinen Video-Anschluß. Und sie wollten ihn natürlich bei dem Gespräch gegenüber haben.
Nel war bereits aufgestanden, um Franks Nummer zu wählen. Sie brauchte nicht die endlose Zahlenfolge für eine Verbindung nach Pasadena einzutasten. Die Nummer gehörte zu denen, die gespei-

chert und mit einem einfachen Buchstabenschlüssel auszulösen waren.
»Soll ich die Kenntaste drücken, Marcel? Oder findest du es hübscher, wenn Frank nicht schon am Anzeigefeld sieht, daß wir ihn anrufen?«
»Laß ihn ruhig überrascht sein. Aber drück die Videotaste, damit er dich, wenn er das Gespräch annimmt, gleich im Raum hat. Nimm schnell eine Rose aus der Vase und halt sie ihm hin. Ich wette, er greift danach.«
Marcel, der in seinem Sessel nicht im Sichtfeld des Video-Auges war, wartete, während sich Nel in der Pose eines Schulmädchens zur Gratulation bereithielt, belustigt darauf, daß Frank sich meldete.
»Nel!«, kam es freudig überrascht aus dem Lautsprecher, »wie schön, dich hier zu haben. Ich konnte mir denken, daß ihr meinen Geburtstag nicht vergessen würdet. Ich weiß auch, daß du es bist, die jedesmal daran denkt. Wie geht's euch? Wo steckt Marcel?«
Frank hatte, als er Nel sah, auch an seinem Apparat die Videotaste gedrückt und damit sich und seine Umgebung in den Raum gebracht.
»Ich bin schon da«, sagte Marcel lachend und trat neben Nel. »Wir wollten dir nicht gleichzeitig ins Haus fallen. Und du hast ja noch immer nur den einen Sessel in deinem Arbeitszimmer, du ewiger Junggeselle. Laß dir recht herzlich gratulieren. Es ist, glaube ich, dein Zweiundvierzigster. Aber so, wie du aussiehst, könnte es auch dein Achtunddreißigster sein. Erzähl, was machst du?«

Frank erwähnt in dem Videogespräch, daß er seit einigen Monaten an einem neuen internationalen Forschungsprojekt arbeitet, das seine ganze Zeit ausfüllt. Er kündigt außerdem an, daß er in drei Wochen nach Europa kommen und dann mit Nel und Marcel zusammentreffen wird.

2

Der Keim des künftig Möglichen

Die technische Nachbildung des Gesichtssinns · Natürliches Licht und Laserlicht · Holographie und räumliches Fernsehen Der dreidimensionale Computer

Wenn dieses erste Kapitel eines um dreißig oder vierzig Jahre vorauseilenden Romans so unvermittelt abbricht, dann liegt das nicht daran, daß sich der Autor schon nach wenigen Seiten in seiner Phantasie erschöpft sieht. Im Gegenteil: Er hat Bedenken, daß er sich bei seinen Schilderungen zu sehr von seiner Phantasie leiten läßt. Er fragt sich, nachdem er so mutig begonnen hat, ob sich eine Zukunft, wie er sie ausmalt, je wird einstellen können. Schließlich hat ein romanhafter Vorgriff auf kommende Zeiten wenig Sinn und Reiz, wenn sich die futuristischen Visionen für den, der das künftig Mögliche am heute Denkbaren mißt, als utopisch und absurd erweisen. Von dem Zauberkristall, durch den man das Morgen betrachten möchte, sollte man wenigstens wissen, daß er ein reelles Bild entwirft. Und was liegt, um sich diese Gewißheit zu verschaffen, näher, als einen Naturwissenschaftler zu Rate zu ziehen, der mit nüchternen Augen sieht, was der Roman-Autor seiner Phantasie entspringen ließ.

»Es mag Sie beruhigen, daß einem Physiker das, was Sie in Ihrem Romananfang beschrieben haben, keineswegs utopisch und absurd erscheint. Er kann das meiste als eine durchaus vernünftige Projektion des gegenwärtigen Wissensstandes in die Zukunft gelten lassen. Die technischen Möglichkeiten, die Sie vorwegnehmen, haben sogar etwas eigentümlich Gemeinsames: Sie beruhen nämlich auf der Vorstellung, daß man einen ganz bestimmten Sinn des Menschen technisch nachbildet und nach außen verlängert. Und zwar meine ich den Gesichtssinn, das Sehen und Erkennen. Ich kann mir denken, daß Sie diese Verallgemeinerung überrascht, nachdem es doch sehr unterschiedliche Einrichtungen und Vorgänge sind, die Sie in das künftige Alltagsleben einbeziehen. Aber wenn ich Ihnen erkläre, wie sich, mit den Augen des Physikers betrachtet, diese zunächst phantastisch erscheinenden Einrichtungen und Vorgänge verwirklichen lassen, dann werden Sie sehr bald feststellen, daß es im Grunde immer das gleiche Phänomen ist, das man technisch ausnützt: das Licht. Doch während dem Menschen zum Sehen und Erkennen normales Licht als Medium dient, verwendet die Technik, um den menschlichen Gesichtssinn nachzuahmen, ein ganz besonderes Licht, das Laserlicht.«

»Und darauf könnte man eine Technik aufbauen, die meine Romanvorstellungen eines Tages Wirklichkeit werden läßt?«

»Man ist natürlich heute noch weit davon entfernt, aber ich halte es nicht nur für möglich, sondern sogar für wahrscheinlich. Lassen Sie mich doch einmal den Gedanken verfolgen, daß es, wie Sie sich das vorstellen, in dreißig oder vierzig Jahren keine Ampeln und Verkehrsschilder mehr gibt, daß die Autos, wenn die Fahrer die am Armaturenbrett aufleuchtenden Warnzeichen übersehen, von selbst gebremst und zum Halten gebracht werden, und daß nahezu alle Gefahren des Verkehrs gebannt sind. Das ließe sich erreichen, indem man den Straßenverkehr in ähnlicher Weise reglementierte wie den Schienenverkehr. Man müßte dazu unter der Straßenoberfläche Drähte einziehen, die durch entsprechende elektrische Signale jeden Wagen in einer bestimmten Fahrspur, mit einer bestimmten Geschwindigkeit und in einem bestimmten Abstand von den anderen steuern könnten.«

»Damit wäre aber jegliche Freizügigkeit des Fahrens aufgehoben. Aus dem Auto als selbststeuerbares Einzelwesen würde ein unbeeinflußbares Verkehrskettenglied. Das wäre wohl kaum ein erstrebenswertes Ziel.«

»Natürlich nicht. Deshalb wird man sich eine Automatisierung einfallen lassen müssen, bei der die Freizügigkeit erhalten bleibt. Und das kann man, wenn man daran denkt, Laserlicht zu Hilfe zu nehmen. Die Aufgabe ist nicht leicht: Es geht darum, eine Einrichtung zu ersinnen, die das zu leisten vermag, was der Autofahrer im Straßenverkehr leistet. Sie muß die ständig und in großer Menge von außen auf sie zukommenden Eindrücke registrieren, muß sie blitzschnell verarbeiten und darauf mit eindeutigen und sicheren Entscheidungen reagieren können. Sie muß also nicht nur in der Lage sein, eine Fülle von Reiz-Informationen gleichzeitig aufzunehmen und damit den rein optischen Vorgang des Sehens nachzuahmen, sie muß auch die Denkvorgänge nachvollziehen können, die mit der Fähigkeit des Unterscheidens und Erkennens verbunden sind.«

»Das von selbst reagierende Auto der Zukunft müßte demnach mit einer stattlichen Anzahl komplizierter Organe ausgerüstet sein, die alle diese Funktionen übernehmen?«

»Ja, und diese Organe sollten natürlich noch viel zuverlässiger funktionieren als die menschlichen Organe, denn man will doch mit einer solchen Automatisierung nicht nur den Fahrer entlasten, man will vor allem den Verkehr absolut sicher machen. Sie sprechen mit Recht von einer stattlichen Anzahl künstlicher Organe. Die ist notwendig, weil die Umgebung, in der sich der Verkehr abspielt, so vielgestaltig ist und weil ringsherum so viel geschieht. Sie brauchen sich nur vor Augen zu führen, was ein Autofahrer alles beobachten, unterscheiden, erkennen und überlegen muß, wenn er seinen Wagen durch die Stadt steuert. Dabei ist es ganz selbstverständlich für ihn, daß er einen Fußgänger, der am Straßenrand steht, von einem Baum oder daß er ein Auto, das vor ihm fährt, von einem Radfahrer unterscheiden kann. Er erkennt auch ohne weiteres, ob ein Fahrzeug, das er vor sich sieht, steht oder ob es sich bewegt. Eine technische Vorrichtung zu schaffen, die genauso zu unterscheiden vermag, die nichts übersieht und die Wichtiges und Unwichtiges auseinanderhalten kann, das ist nicht einfach. Aber es ist möglich, wenn man das Beobachten zum Beispiel einer Vielzahl von Laseraugen überläßt, mit denen der Wagen ringsherum gespickt ist. Diese Augen bestünden am zweckmäßigsten aus winzigen Halbleiter-Lasern, wie man sie heute bereits kennt. Solche Halbleiter-Laser sind nichts anderes als kleine Gleichrichter-Dioden, die eben aus einem halbleitenden Material wie etwa Galliumarsenid bestehen. Sie sind so winzig, daß man eine Lupe braucht, um sie sehen zu können. Sie haben eine Länge von einem Zehntel Millimeter und einen Querschnitt von weniger als einem Hundertstel Millimeter. Das ist ja das Faszinierende an diesen Halbleiter-Elementen, daß sie so ungeheuer klein und, wenn man sie in großen Mengen fertigt, auch sehr billig sind. Deshalb könnte man ein Auto getrost mit Hunderten oder gar Tausenden von Halbleiter-Lasern spicken, ohne damit einen enormen technischen Aufwand zu treiben.«

»Wie funktionieren denn diese Laseraugen?«

»Wenn man durch diese Halbleiter-Laser einen Strom schickt, dann entsteht ein scharfgebündeltes einfarbiges Licht, das von den nach

Warnsignal. Wenn der Fahrer darauf nicht reagiert und die im Computer festgelegte Gefahrenschwelle unterschreitet, setzt die automatische Bremsung ein. Da der Bremsweg nicht allein von der Geschwindigkeit, sondern auch vom Zustand des Wagens abhängt, wird man den Computer von Zeit zu Zeit neu eichen. Man braucht dazu nur eine bestimmte Geschwindigkeit zu fahren und voll auf die Bremse zu treten. Die eingebauten Organe messen den Bremsweg und stellen den Computer darauf ein. Man kann sich also darauf verlassen, daß die Berechnungen, die der Computer dann in der Folgezeit anstellt, stimmen.«

»Wie aber würde sich die automatische Bremsung auswirken, wenn der Fahrer überholen möchte?«

»Dann muß er sie ausschalten können. Er wird sie aber, so stelle ich mir das vor, nur ausschalten können, wenn die äußeren frontalen Laseraugen, die ja in dem Augenblick, in dem der Fahrer zum Überholen ansetzt, an dem vorausfahrenden Wagen vorbeisehen können, wenn diese äußeren Augen erkennen, daß die Überholspur frei ist. Man wird überhaupt darauf bedacht sein, die technischen Einrichtungen in den Autos so zu perfektionieren, daß alle Fahrzeuge der Umgebung richtig reagieren, wenn ein Fahrer etwas unternimmt, was die Sicherheit der anderen in irgendeiner Weise beeinträchtigt. Man will schließlich zu einem Zustand der Sicherheit kommen, wie er in einem dichten Fischschwarm herrscht, in dem nie die Gefahr besteht, daß die Fische zusammenstoßen und sich verletzen. Jeder hat eine Sicherheitssphäre um sich, die er eifersüchtig hütet und in die auch keiner eindringt, weil alle für sich richtig reagieren und damit den ganzen Schwarm schützen. Man wird freilich eine Fülle technischer Möglichkeiten ersinnen müssen, um die größtmögliche individuelle Freizügigkeit mit der größtmöglichen Sicherheit aller verbinden zu können. Und bei diesen Möglichkeiten wird, glaube ich, das Laserlicht keine geringe Rolle spielen.«

»Um die lautstarken Hupen abzuschaffen und durch eine Verbindung von Wagen zu Wagen zu ersetzen, bei der, wenn ein Fahrer einem anderen ein Zeichen geben möchte, lediglich in den Autos der näheren Umgebung ein Summton ertönt, dazu braucht man wohl keine Laserstrahlen?«

»Man braucht sie nicht, denn das läßt sich auf andere Weise auch erreichen, aber man wird, wenn man das leistungsfähige Laser-Instrument schon einmal zu Verfügung hat, damit auch derartige Verbindungen herstellen. Warum sollte man dazu eigens eine andere Technik einführen?«

»Und was sagen Sie zu der Idee einer in riesigen Dimensionen sich ausbreitenden Wolkenwerbung?«

»Ich weiß nicht, ob das erstrebenswert wäre. Aber Ihre Frage gilt vermutlich wieder den physikalisch-technischen Voraussetzungen dazu. Man wird wahrscheinlich in absehbarer Zeit Laser entwickeln können, die sichtbares Licht von beliebiger Farbe abstrahlen, und zwar mit einer so hohen Leistung, daß man damit auf einer Wolkendecke leuchtende Schriften und Bilder entstehen lassen kann. Vor ein paar Jahren noch hätte das jeder Physiker für unmöglich gehalten. Doch es gibt bereits heute Laser, mit denen man im infraroten, also nicht sichtbaren Lichtbereich auf eine Leistung von zehn Kilowatt kommt. Das ist eine Leistung, wie man sie wohl für eine Wolkenwerbung bräuchte. Aber man bräuchte sie eben für den sichtbaren Bereich, der alle Farben des Regenbogens umfaßt. Daß man grundsätzlich auch sichtbares Laserlicht erzeugen kann, ist seit einer Weile bekannt. In den nächsten Jahren wird man gewiß jede gewünschte Farbe bereit haben. Deshalb ist es ohne weiteres denkbar, daß eines Tages Laser zur Verfügung stehen, die sich auf jede beliebige Farbe umschalten lassen. Verbindet man diese Laser mit einer elektronischen Programmsteuerung, dann kann man, falls ihre Leistung ausreicht, damit alle möglichen Schriften und Bilder in den Himmel zeichnen. Wenn es allerdings nur darum geht, Farbdiapositive oder -filme in die Wolken zu projizieren, dann ist dazu nicht unbedingt eine Laserquelle erforderlich. Zur bloßen Projektion genügt, wie man es in den Kinos sieht, normales, das heißt ungerichtetes Licht. Ob man die notwendige Leistung sinnvoller mit normalem oder mit Laserlicht aufbringt, ist eine Frage des Wirkungsgrades und der Rentabilität. Darüber braucht man sich heute nicht den Kopf zu zerbrechen. Daß die Werbung, die sich gewiß auch in Zukunft stets der neuesten Technik bedienen wird, diese Idee der Wolkenreklame irgendwann aufgreift, ist wohl anzunehmen. Sie wird auch, um vom Wetter unabhängig zu sein, auf Ihren Einfall eines künstlichen nächtlichen Nebelschleiers kommen, der natürlich am frühen Morgen wieder verschwindet. Das dürfte für die künftigen Chemiker kein großes Problem sein. Aber ich glaube, daß sich die Werbung in viel größerem Ausmaß eine andere Vision Ihres Romankapitels zunutze machen wird: das räumliche, plastische Farbfernsehen.«

»Sie halten das Videophon, wie ich es mir vorgestellt habe, nicht für eine Utopie?«

»Keineswegs. Das räumliche Abbilden ist eine Sache, an der die Laser-Physiker seit Jahren arbeiten. Daß es gerade die Laser-Physiker sind, hat einen guten Grund: Es ist nämlich wieder das Laserlicht, das diese Möglichkeit schafft. Das Verfahren, um das es dabei geht, nennt man Holographie. In der Bezeichnung steckt das griechische Wort hólos, das »ganz« bedeutet. Holographie heißt also Ganzheitsdarstellung. Das Wesentliche und Erstaunliche an der Holographie ist die Möglichkeit, einen Gegenstand so wiederzugeben, daß man ihn wirklich im Raum vor sich zu haben glaubt. Im Unterschied zu einer Stereophotographie, die man durch ein Stereoskop betrachten muß, das den abgebildeten Gegenstand zwar plastisch, aber nur aus einem Blickwinkel und deshalb in einer gewissen Starrheit zeigt, im Unterschied dazu führt das Hologramm, ohne daß es eines Sichtgeräts bedarf, den abgebildeten Gegenstand so real vor Augen, daß man ihn von mehreren Seiten betrachten kann. Man möchte am liebsten danach greifen, aber wenn man es versucht, faßt man ins Leere. Wer das zum ersten Mal sieht, dem erscheint das Ganze wie Zauberei. Sie sprechen in Ihrem Roman-Anfang auch sehr treffend von dem vollkommenen Spuk, der Marcels Freund durch das Videophon ins Zimmer bringt. Ich muß allerdings gleich hinzufügen, daß es noch sehr lange dauern wird, bis man so ein Videophon bauen kann. Die Holographie steckt erst in den Anfängen. Man kann zwar Hologramme herstellen und man ist auch schon dabei, farbige Hologramme aufzunehmen, aber es ist noch viel zu früh, daran zu denken, eines Tages auch Personen und ihre Bewegungen auf diese Weise räumlich wiederzugeben. Der technische Abstand entspricht etwa dem zwischen der Erfindung der Photographie und der des Films, obwohl man heute genau weiß, daß und wie es physikalisch möglich sein wird. Doch der Weg von der physikalischen Möglichkeit bis zur technischen Wirklichkeit ist unendlich schwierig.«

»Wie läßt sich denn diese physikalische Möglichkeit darstellen und in welcher Weise wird sie durch das Laserlicht geschaffen?«

»Um darauf eine zufriedenstellende Antwort geben zu können, muß ich ein wenig ausholen und auf das Phänomen des Laserlichts näher eingehen. Sie würden sonst die physikalisch-technischen Zusammenhänge kaum verstehen. Ich erwähnte anfangs, daß das

Laserlicht ein ganz besonderes Licht ist. Und es war auch schon davon die Rede, daß es sich durch bestimmte Eigenschaften vom normalen und natürlichen Licht unterscheidet. Zwei dieser Eigenschaften wurden bereits genannt: die scharfe Bündelung und die Einfarbigkeit. Dazu kommt aber noch eine dritte wesentliche Eigenschaft des Laserlichts: die sogenannte Kohärenz. Ich habe bisher nicht davon gesprochen, weil es nicht ganz einfach ist zu erklären, was man unter kohärentem Licht versteht. Mit der dem Physiker geläufigen Definition ist Ihnen vermutlich wenig geholfen. Deshalb gehe ich am besten von der Grundfrage aus: Was ist überhaupt Licht? So selbstverständlich es als natürliche Erscheinung ist, so kompliziert und komplex ist es als physikalisches Phänomen. Im normalen Sprachgebrauch bezeichnet man als Licht einen bestimmten, im Grunde nur sehr kleinen Bereich innerhalb der breiten Skala elektromagnetischer Schwingungen, die von den Lang-, Mittel-, Kurz- und Ultrakurzwellen des Rundfunks, über die Wärmestrahlung und über die für das Auge wahrnehmbaren Schwingungen bis zu den Röntgen- und Gammastrahlen reicht. Der mit dem Begriff ›Licht‹ gemeinte Ausschnitt aus dieser Skala umfaßt das Schwingungs-Spektrum zwischen Infrarot und Ultraviolett. Die beiden Grenzbereiche Infrarot und Ultraviolett sind nicht mehr sichtbar. Für den Physiker ist es aber sinnvoll, auch diese Schwingungen in den Lichtbegriff einzubeziehen, weil sie sich genauso wie das sichtbare Licht mit optischen Geräten, mit Spiegeln und Linsen beherrschen lassen.

Was nun das Licht als physikalisches Phänomen so kompliziert macht, das ist seine Doppelnatur, durch die das naturwissenschaftliche Verständnis in eine merkwürdige Schizophrenie geraten ist. Es gibt kein anschauliches und einheitliches Modell, durch das sich das Wesen des Lichts befriedigend erklären ließe. In seiner Entstehung und in seiner Wechselwirkung mit der Materie verhält es sich wie ein Strom von winzigen Partikeln, deren jedes eine bestimmte Energie mit sich führt. Diese Partikel nennt man Photonen, Lichtteilchen. Beobachtet man dagegen, wie sich das Licht ausbreitet, wie sich die Photonen fortbewegen, dann stößt man mit der Korpuskel-Vorstellung sofort an eine Grenze: Die Lichtteilchen lassen sich nämlich nicht wie Geschoßkugeln beschreiben, die unabhängig voneinander den Gesetzen der Mechanik gehorchen, denn sie breiten sich in ihrer Gesamtheit als kontinuierliche Wellen aus, die man beschrei-

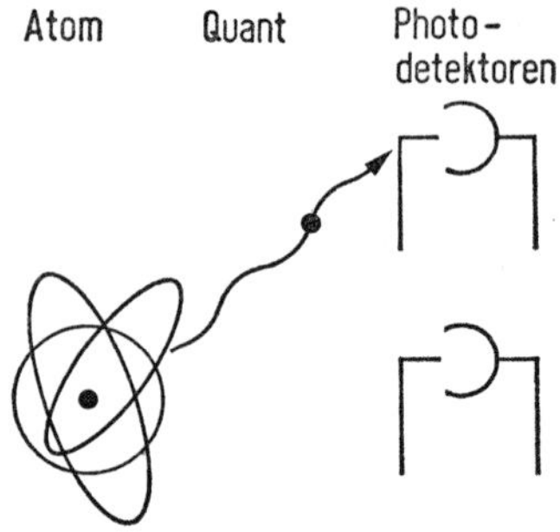

Abb. 1: Wenn man mit zwei Photodetektoren das von einem Atom ausgesendete Licht nachweisen will, stellt man fest, daß jeweils nur einer der Detektoren auf das einfallende Licht anspricht. Das ist ein einfacher Beweis dafür, daß das Licht als Lichtquant entsteht und mit der Materie, auf die es trifft, wie ein Partikel in Wechselwirkung tritt.

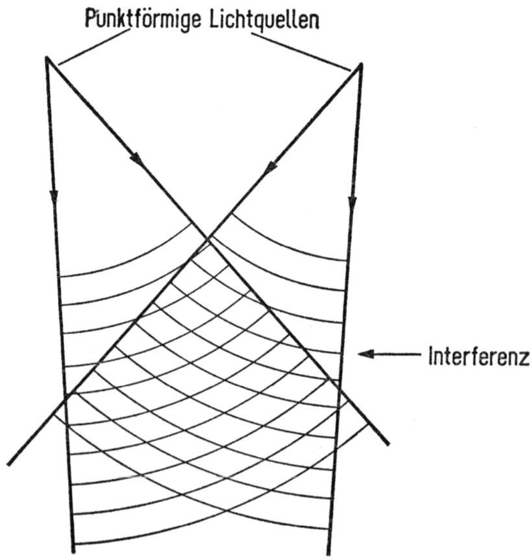

Abb. 2: Verfolgt man die Ausbreitung des Lichts, das von zwei punktförmigen Lichtquellen ausgestrahlt wird, dann bemerkt man eine Überlagerung, wie sie nur bei Wellen zustande kommen kann. Das ist der einfache Beweis für die Wellennatur des Lichts.

ben muß, wie man Wasserwellen beschreibt. Auch die Brechung des Lichts, seine Beugung und seine Fähigkeit zu interferieren, das heißt Wellenberge und Wellentäler sich überlagern oder auslöschen zu lassen, das alles kann nur mit einer Wellen-Vorstellung erklärt werden. Welche Anschauung, welches Modell könnte in sich vereinigen, daß das Licht zugleich Korpuskel und Welle ist? Dieser Dualismus ist ein einschneidender Sprung in der ganzen Naturphilosophie. Allein der Mathematiker kann mit abstrakten Beziehungen, die beide Eigenschaften des Lichts einschließen, diesen Dualismus überwinden. Der natürlichen menschlichen Anschauung bleibt er unzugänglich. Man muß sich also, wenn man die zweifellos richtigen und experimentell vielfach bewiesenen physikalischen Erkenntnisse gelten läßt, damit abfinden, daß uns die Natur mit dem Licht ein Phänomen darbietet, das man jeweils nur mit der einen oder mit der anderen Vorstellung betrachten kann.

Die Entstehung des Lichts und seine Wechselwirkung mit der Materie läßt sich, wie gesagt, mit der Teilchen-Vorstellung beschreiben. Sie wissen, daß alle Stoffe aus einzelnen Atomen bestehen. Diese Atome können, je nachdem, ob und wie sie von außen beeinflußt werden, verschiedene Energien besitzen. Man kann zum Beispiel ihre Energie durch einen mechanischen Stoß, durch einen elektrischen Strom oder durch eine bestimmte Strahlung erhöhen. Aber man kann die Energiezustände eines Atoms nicht beliebig variieren. Es ist eine Erkenntnis der Quantenmechanik, daß es für die möglichen Energiezustände eines Atoms eine von der Natur festgelegte Stufenleiter gibt, die keine Zwischensprossen zuläßt. Es ist so ähnlich wie beim Geld: Es gibt keine anderen als die festgesetzten Münzen.«

»Wie läßt sich diese Energie-Stufenleiter anschaulich erklären?«

»Am einfachsten und besten mit dem von Niels Bohr erdachten Atom-Modell. Dieses Modell ist ein Abbild unseres Planetensystems: Um den Atomkern kreisen, wie die Planeten um die Sonne, die Elektronen. Sie kreisen in bestimmten Abständen und auf bestimmten Bahnen um den Kern. Und zwar können ihre Bahnen Kreise oder Ellipsen sein. Durch die Abstände und durch die Bahnformen der Elektronen ist der Energiezustand eines Atoms bestimmt. Da die Natur aber nur bestimmte Abstände und Bahnformen zuläßt, sind nur bestimmte Energiezustände möglich. Durch eine Anregung von außen können die Elektronen ihre Bahnen ändern. Doch sie können

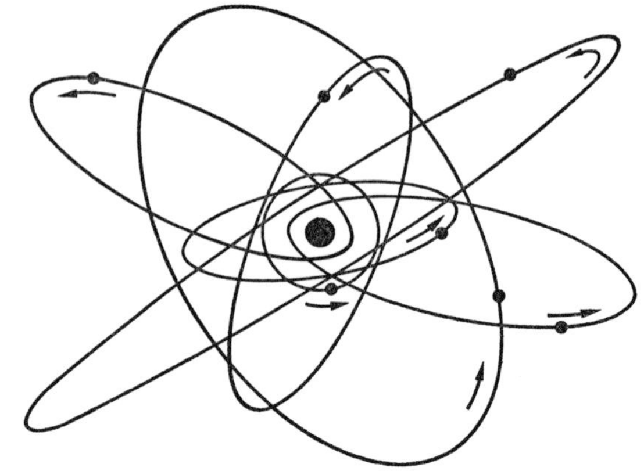

Abb. 3 und 4: Die obere Darstellung zeigt das Atom-Modell von Niels Bohr: Um den dunklen Atomkern kreisen in verschiedenen Bahnen und Abständen die Elektronen. Die beiden unteren Zeichnungen veranschaulichen in einem vereinfachten Schema die unterschiedlichen Energiezustände der Atome: Jedem Energiezustand entspricht eine bestimmte Umlaufbahn des Elektrons.

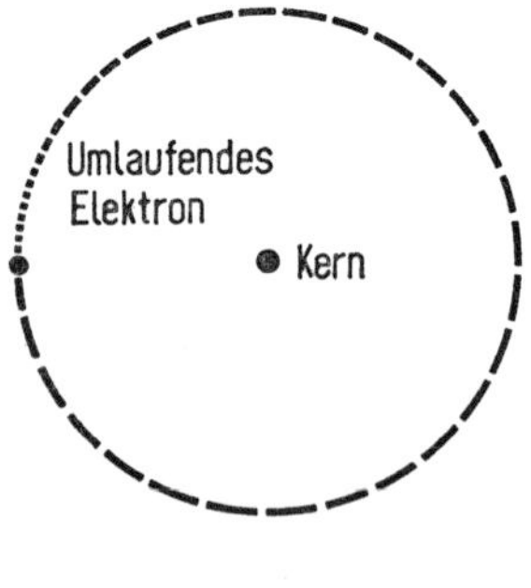

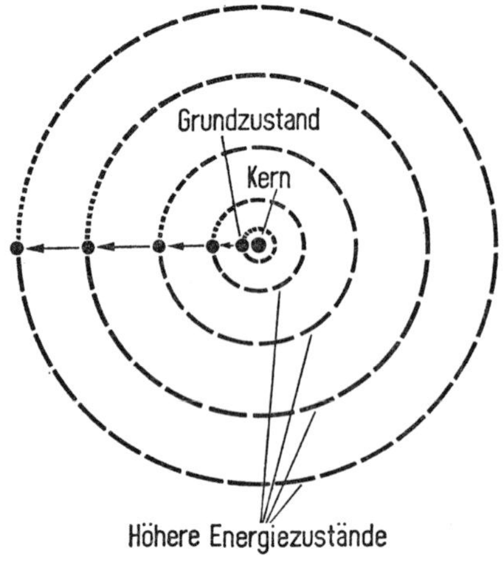

sie nur sprunghaft von einem Abstand zum anderen und von einer Bahnform zur anderen ändern. Eine Zwischenmöglichkeit gibt es nicht. Das ist mit der Stufenleiter gemeint.
Um aber auf die Entstehung des Lichts zurückzukommen: Da ein Atom im allgemeinen stabil, das heißt unverändert bleiben möchte, springen die Elektronen, die durch einen äußeren Anstoß auf eine dem Normalzustand des Atoms ungemäße Bahn gebracht wurden, nach kurzer Zeit in ihre Ausgangsbahn zurück. Sie geben ihren höheren Energiezustand zugunsten der Atomstabilität auf und strahlen die durch den Rücksprung freigewordene Energie als Licht ab. Diese durch den Elektronen-Rücksprung bewirkte Strahlungsenergie bezeichnet man als Lichtquant, denn es ist jeweils eine ganz bestimmte Energiemenge oder Energieportion, die im Augenblick des Elektronen-Rücksprungs in eine bestimmte Richtung abgestrahlt wird. Hier kann man den Vergleich mit der Geschoßkugel zu Hilfe nehmen, die in irgendeinem Moment in irgendeine Richtung abgeschossen wird. Das abgestrahlte kleine Energiepaket des Lichtquants verhält sich, wenn man es für sich und nicht im Zusammenhang mit anderen Lichtquanten betrachtet, genauso. Man kann es sich deshalb ohne weiteres als Teilchen, eben als Photon vorstellen. Aber sobald man den aus vielen Lichtquanten oder Photonen bestehenden Lichtstrom im ganzen beobachtet, muß man diese Teilchen-Vorstellung aufgeben und zur Wellen-Vorstellung überwechseln, weil die Ausbreitungsart des in seiner Gesamtheit betrachteten Lichts und vor allem seine Brechungs-, Beugungs- und Interferenzfähigkeit mit der Teilchen-Vorstellung nicht mehr zu erklären ist. Das ist der bereits erwähnte Dualismus, der die anschauliche Beschreibung der Lichteigenschaften so erschwert.
Ich muß auch hinzufügen, daß das Bohrsche Atom-Modell nur annähernd ausreicht, um einzelne Vorgänge plausibel zu machen. In Wirklichkeit sind sie erheblich komplizierter. Aber man kann, ohne allzu ungenau zu sein, dieses Modell getrost anwenden, um die Entstehung des Lichts und damit die körperhafte Ausprägung seiner Natur verständlich zu machen. Es läßt sich bis zu einem gewissen Grad auch in die Praxis der Lichterzeugung übernehmen: Am Beispiel der Leuchtstoffröhre wird sofort klar, wie die Lichtenergie im Inneren der Röhre hervorgerufen wird. Wenn man durch das Edelgas-Gemisch, mit dem sie gefüllt ist, einen elektrischen Strom schickt, werden schnelle Elektronen auf die Gas-Atome zubewegt. Sie sto-

ßen an die Atome und führen ihnen damit Energie zu. Da die Atome aber bestrebt sind, möglichst bald wieder zu ihrem ursprünglichen Zustand zurückzufinden, geben sie die zugeführte Energie nach kurzer Zeit ab, und zwar in Form von Lichtenergie. Ich habe den Vorgang ja vorhin am Modell beschrieben. Sie müssen sich nun die riesige Anzahl der Atome vorstellen, aus denen das Gasgemisch besteht. Es ist eine Zahl mit so vielen Nullen, daß eine Zeile vielleicht gerade ausreichen würde, um sie hinzuschreiben. In einem festen Körper rechnet man durchschnittlich mit 10^{23} Atomen pro Kubikzentimeter. Das ist eine Zahl mit dreiundzwanzig Nullen. Ein Gas ist zwar nicht so dicht, aber bei dem Volumen einer Leuchtstoffröhre von einem Meter Länge kommt man noch immer zu einer gigantischen Zahl. Und jedes Atom kann Lichtquanten aussenden. Dabei sind diese Lichtquanten, einzeln betrachtet, voneinander völlig unabhängig und haben keine Beziehung zueinander. Sie können zu beliebigen Zeiten und in beliebige Richtungen abgestrahlt werden und sie können auch verschiedene Energien haben. Das eine Mal geben viele Atome gleichzeitig Energie ab, das andere Mal senden nur wenige Photonen aus; und genauso, wie es zeitliche Häufungen und Lücken gibt, genauso gibt es Häufungen und Lücken in den möglichen Richtungen und in den möglichen Energien. Da einer bestimmten Lichtenergie stets eine bestimmte Frequenz, also eine bestimmte Schwingungszahl entspricht, kann man ebensogut von den verschiedenen möglichen Frequenzen sprechen. Das ist vielleicht etwas anschaulicher, weil Sie vermutlich wissen, daß die Farben des Lichts, das sich als elektromagnetische Schwingung ausbreitet, durch die Anzahl der Schwingungen pro Sekunde, eben durch die Frequenz charakterisiert sind.

Wenn also, wie es in der Leuchtstoffröhre auch geschieht, sehr viele Gas-Atome gleichzeitig oder hintereinander Lichtquanten abstrahlen, dann bietet sich ein wirres Durcheinander aller möglichen Quantenrichtungen und aller möglichen Quantenfrequenzen, das heißt aller möglichen Lichtfarben dar. Es ist ein völlig ungeordnetes Licht-Bild, das man nur statistisch beschreiben kann. Es klingt beinahe grotesk, aber es ist richtig, wenn man sagt: Natürliches Licht entsteht in der größtmöglichen Unordnung. Wollte man gar noch mit der Wellen-Vorstellung anschaulich machen, wie sich dieses vielfältige Photonen-Gemisch ausbreitet, dann müßte man ein Wellenbild beschreiben, das noch viel komplizierter ist als jenes Wellenbild, das

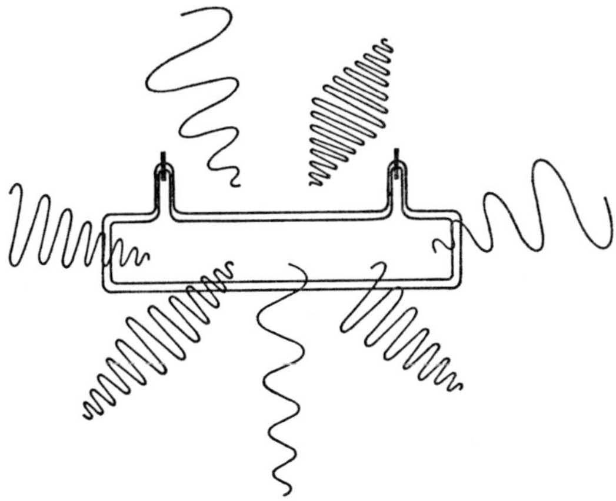

Abb. 5: Die Atome einer natürlichen Lichtquelle wie zum Beispiel einer Leuchtstoffröhre strahlen regellos Wellenzüge verschiedener Form, Frequenz und Richtung aus. Natürliches Licht ist also Licht größter Unordnung.

entsteht, wenn man auf eine glatte Wasseroberfläche aus einem großen Sieb ständig ungezählte Sandkörner auffallen läßt. Jedes Sandkorn erzeugt auf der Wasseroberfläche eine Welle, deren Gestalt durch die Größe des Sandkorns bestimmt ist. Und alle diese Wellen breiten sich aus, sie treffen aufeinander und überlagern sich, indem sie sich gegenseitig verstärken oder auslöschen. Das ergibt schließlich ein so wirres Gefüge, daß man darin kaum noch eine Struktur und erst recht keine Ordnung erkennen kann. Die Anzahl der Photonen, aus denen das in der Leuchtstoffröhre erzeugte Licht besteht, ist aber unvergleichlich viel größer als die der Sandkörner, die auf den Wasserspiegel auftreffen. Sie können sich demnach vorstellen, daß das Lichtwellenbild völlig undurchschaubar ist.«

»Aber man kann doch dieses Lichtgemisch, das dem Auge als weißes Licht erscheint, mit einfachen optischen Geräten in die einzelnen Farben zerlegen. Und man kann es mit Parabolspiegeln, wie sie zum Beispiel in den Autoscheinwerfern eingebaut sind, bündeln. Läßt sich das einfarbige und gebündelte Laserlicht auf diese Weise erzeugen?«

»Nein. Man kann zwar durch Prismen und durch mehrere hintereinander angeordnete Blenden Licht einer bestimmten Farbe und einer bestimmten Richtung herausfiltern. Doch dabei geht so viel von dem ursprünglichen Licht verloren, daß nur ein winziger Bruchteil übrigbleibt, der eine bestimmte Farbe und eine bestimmte Richtung aufweist. Mit dem Laserlicht will man ja ein außerordentlich energiereiches Licht zur Verfügung haben. Und das läßt sich nur künstlich erzeugen. Laserlicht ist ein rein synthetisches Licht. Aber dieses synthetische Licht ist das einzige wirklich einfache Licht, das es gibt. In der Natur lassen sich kaum Bedingungen denken, unter denen dieses einfache Licht entstehen könnte. Es zeichnet sich nämlich nicht allein durch seine einheitliche Farbe oder Frequenz und durch seine einheitliche Richtung aus, sondern auch noch dadurch, daß die Amplitude, also der Schwingungsausschlag oder die Schwingungsweite der elektromagnetischen Schwingung, stets die gleiche ist. Das versteht man unter kohärentem Licht. Nur wenn die Amplitude gleichbleibt und damit ein einheitlicher Zusammenhang, eben die Kohärenz, erhalten bleibt, hat das Licht eine konstante Leistung. Es schwankt nicht wie das in seiner Amplitudenverteilung völlig unregelmäßige natürliche Licht.«

»Könnte man, um sich ein anschauliches Bild zu machen, das Laserlicht mit einer Truppenparade vergleichen, bei der die Soldaten alle gleichfarbige Uniformen tragen und in der gleichen Richtung, im gleichen Abstand und im gleichen Schritt marschieren?«

»Das ist ein sehr hübsches und treffendes Bild, dem man gut ein anderes gegenüberstellen kann: einen Jahrmarkt, auf dem die Menschen in den buntesten Kleidern durcheinanderwimmeln, auf dem sich jeder in beliebiger Richtung, in beliebigem Tempo und in beliebigem Rhythmus bewegt und auf dem sich immer wieder zufällig Gruppen und Häufchen bilden. Dieses Bild entspricht dem natürlichen Licht. Gerade seine Unordnung macht das natürliche Licht so reich, so angenehm und ästhetisch ansprechend. Aber nur das wohlgeordnete eintönige Laserlicht läßt sich technisch ausnützen.«

»Und wie wird dieses wohlgeordnete eintönige Licht erzeugt?«

»Dadurch, daß man zwei Prozesse miteinander verbindet. Der eine Prozeß ist bereits durch das Wort ›Laser‹ angedeutet, das nichts anderes ist als die Aneinanderreihung der Abkürzungsbuchstaben für *l*ight *a*mplification by *s*timulated *e*mission of *r*adiation. Zu deutsch heißt das: Lichtverstärkung durch stimulierte Emission von Strahlung. Das klingt entsetzlich kompliziert und unverständlich, aber Sie werden es, nachdem Sie mir bisher gefolgt sind, ohne weiteres verstehen. Ich muß allerdings, um es zu erklären, wieder ein wenig ausholen.

Es gibt zwei Möglichkeiten, die Atome dazu zu bringen, daß sie Lichtquanten aussenden. Von der einen Möglichkeit war im Zusammenhang mit dem Atom-Modell bereits die Rede: Man regt die Atome durch einen mechanischen Stoß, durch einen elektrischen Strom oder durch eine bestimmte Strahlung an und läßt sie nach Belieben Lichtenergie in Form von Photonen abgeben. Ich sage nach Belieben, denn die Atome senden, wenn sie angeregt sind, nach einer gewissen Zeit von selbst Lichtquanten aus. Es ist ihnen überlassen, wann, in welcher Richtung und mit welcher Frequenz sie diese Lichtquanten abstrahlen. In dem Fall spricht man von einer spontanen, das heißt freiwilligen und willkürlichen Emission. Man kann aber – das ist die zweite Möglichkeit – die Atome auch dazu reizen, daß sie die Lichtenergie vorzeitig abgeben. Und zwar wird das dadurch erreicht, daß man eine bereits vorhandene Lichtstrahlung auf sie einwirken läßt. Der Effekt, um den es dabei geht, ist der, daß diese bereits vorhandene Lichtstrahlung die Atome nicht nur dazu reizt, die Lichtquanten vorzeitig abzustrahlen, sondern auch dazu, sie in der Richtung und mit der Frequenz der Reizstrahlung auszusenden. Die Atome tun das um so lieber, je willkommener ihnen dieser Reiz und je stärker er ist, das heißt je passender die Frequenz der Reizstrahlung und je höher ihre Leistung ist. Diesen Effekt nennt man stimulierte Emission. Als physikalische Möglichkeit hat sie Albert Einstein schon 1917 erkannt und beschrieben. Aber technisch realisiert wurde sie erst 1960. Damit war dann auch die Voraussetzung geschaffen, die als Laser bezeichneten Lichtverstärker zu bauen.«

»Lichtverstärker sind es offenbar deshalb, weil das als Reizstrahlung verwendete Licht durch die von den gereizten oder stimulierten Atomen in gleicher Richtung und mit gleicher Frequenz abgegebenen Lichtquanten verstärkt wird.«

»Ganz recht, und zwar erfolgt diese Verstärkung lawinenartig: Wenn erst einmal einige Atome der Ausgangsstrahlung ihre in der Richtung und in der Frequenz passenden Lichtquanten hinzugefügt haben, dann wird diese Ausgangsstrahlung bereits so verstärkt, daß sie die anderen Atome um so mehr reizt, das gleiche zu tun. Es ist ein Gesetz, daß die stimulierte Emission um so wahrscheinlicher wird, je stärker die Strahlung ist, die sie auszulösen vermag. Die Wechselwirkung, die sich aus diesem Gesetz ableiten läßt, ist das Prinzip des Lasers: Eine gerichtete, einfarbige und kohärente Strahlung führt zur stimulierten Emission; durch die stimulierte Emission wird

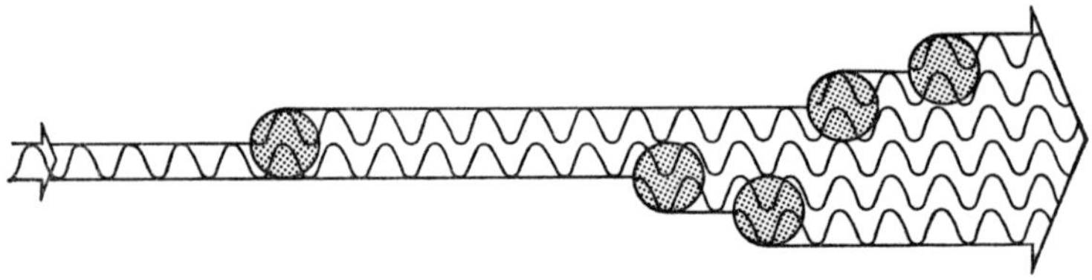

Abb. 6: Dieses Schema zeigt die stimulierte Emission: Die Lichtwellen der Reizstrahlung treffen auf ein angeregtes Atom und veranlassen es, Licht gleicher Frequenz, Richtung und Phase abzugeben. Die so verstärkte Welle trifft auf andere Atome, die dann ebenfalls gleichförmiges Licht abstrahlen und auf diese Weise den Verstärkungsprozeß lawinenartig fortsetzen.

die Strahlung verstärkt; die verstärkte Strahlung bewirkt in vermehrtem Umfang stimulierte Emission und so weiter.«

»Warum ist es nicht möglich, auch das natürliche Licht, das in einer Leuchtstoffröhre oder in einer Glühlampe erzeugt wird, auf diese Weise zu verstärken? Das gemischte Licht, das durch die spontane Energie-Abstrahlung der als erste angeregten Atome entsteht, könnte doch die übrigen Atome dazu reizen, vorzeitig Lichtquanten auszusenden, die in ihrer Richtung und Frequenz den unterschiedlichen Reizwellen entsprechen. Das Licht würde zwar weiterhin gemischt bleiben, aber es müßte durch den von Ihnen beschriebenen Lawinen-Effekt laufend verstärkt werden. Die Leuchtstoffröhre oder die Glühlampe würde also zunächst nur schwach leuchten und dann immer heller und heller werden. Warum geschieht das in Wirklichkeit nicht?«

»Weil der Neigung der angeregten Atome, Lichtenergie abzugeben, die Neigung der nicht angeregten Atome entgegensteht, Lichtenergie aufzunehmen und zu absorbieren. In dem Material, das man zur Erzeugung von natürlichem Licht verwendet, sei es ein Gas oder ein Metall wie Wolfram, wird nur eine bestimmte Anzahl von Atomen angeregt. Und nur diese angeregten Atome geben Lichtenergie ab. Die anderen, nicht angeregten Atome absorbieren einen Teil der erzeugten Lichtenergie, ohne dadurch veranlaßt zu werden, auch ihrerseits Lichtquanten auszusenden. Sie behalten sozusagen die aufgenommene Lichtenergie zunächst für sich. In den normalen Lichtquellen gibt es viel mehr Atome, die Licht absorbieren, als solche, die Licht abgeben. Deshalb muß man bei diesen Lichtquellen erheblich mehr Energie hineinstecken als die Energie, die in Form von Licht herauskommt. Auch hier gibt es wieder ein physikalisches Gesetz: Unter normalen Bedingungen sind es stets weniger Atome, die Energie abgeben, als solche, die Energie aufnehmen. Daraus geht hervor, daß unter normalen Bedingungen eine Lichtverstärkung durch den beschriebenen Lawineneffekt der stimulierten Emission nicht möglich ist. Man könnte sie vielleicht in seltenen Fällen auch in der Natur beobachten, aber dazu müßten sich jeweils sehr extreme Verhältnisse ausbilden wie etwa bei bestimmten Gasentladungen in Blitzen. Es läßt sich auch denken, daß irgendwo im Weltraum in Gaswolken, die unter dem Einfluß der Strahlung benachbarter Sterne stehen, ähnlich extreme Verhältnisse eine derartige Lichtverstärkung hervorrufen. Doch unter normalen Bedingungen ist sie, wie gesagt, unmöglich.«

»Man muß also mit dem Laser anomale Bedingungen schaffen, durch die das von Ihnen erwähnte Gesetz, das für normale Bedingungen gilt, ausgeschaltet wird. Das heißt, es müssen künstlich Verhältnisse geschaffen werden, die es gestatten, daß die Atome insgesamt mehr Licht abgeben als sie aufnehmen. Wie macht man das?«

»Am anschaulichsten läßt es sich wohl erklären, wenn man den Rubin-Laser als Beispiel nimmt, mit dem auch die ersten Versuche unternommen wurden. Der Rubin ist ein Kristall, der zum größten Teil aus Aluminiumoxyd besteht, das man in seiner reinsten Form als weißen Saphir kennt. Von diesem weißen Saphir unterscheidet sich der Rubin lediglich dadurch, daß dem Aluminiumoxyd in geringer Menge Chrom zugesetzt ist. Das Chrom verleiht ihm die schöne intensiv rote Farbe. Für den Physiker ist das Chrom interessant, weil die Chrom-Atome eine ganz bestimmte Eigenschaft haben: Sie lassen sich durch ein von außen auf sie einwirkendes Licht, und zwar speziell durch grünes und blaues Licht, zu einem höheren Energiezustand anregen und geben, wenn sie in ihren normalen Zustand zurückkehren, rotes Licht ab. Damit gewinnt man bereits eine Lichtstrahlung innerhalb eines verhältnismäßig eng begrenzten Frequenzbereichs. Natürlich verwendet man für den Laser keine echten Rubine. Sie wären erstens viel zu teuer, und zweitens kommen sie in der Größe, in der man sie braucht, in der Natur gar nicht vor. Man benötigt nämlich runde Rubinstäbe, die bis zu die vielfache Spiegelung erhält man eine enorme Verstärkung der in der Achse des Systems laufenden Strahlen, selbst wenn die Verstärkung beim erstmaligen Durchlauf nur gering ist. Auf diese Weise erwächst aus dem Prozeß der stimulierten Emission ein scharfgebündelter energiereicher Lichtstrahl.

Die Lichtwellen, die aus dem Rubin herauskommen, sind zunächst nur in ihrer Richtung einheitlich; in ihrer Frequenz, also in der Anzahl ihrer Schwingungen pro Sekunde, in ihrer Amplitude, das heißt in ihrem Schwingungsausschlag, und in ihrer Phasenfolge, man könnte auch sagen in ihrem Schwingungsrhythmus gegeneinander, sind sie aber noch sehr unterschiedlich. Sie gehören zwar dem Bereich des roten Lichts an, doch sie sind noch nicht streng einfarbig und erst recht nicht kohärent. Zu diesen beiden fehlenden, für das Laserlicht unbedingt erforderlichen Eigenschaften verhelfen die Spiegel. Wenn nämlich die in sich verschiedenen Lichtwellen von den Spiegeln reflektiert werden, dann ergeben sich Wellenüberlagerungen, wie sie auch entstehen, wenn Wasserwellen von einer Wand zurückgeworfen werden und dabei aufeinandertreffen. Zum einen Teil löschen sich, wenn Wellenberge auf Wellentäler treffen, die Wellen gegenseitig aus; zum anderen Teil verstärken sie sich, wenn Wellenberge auf Wellenberge und Wellentäler auf Wellentäler treffen. Zu dieser Interferenz – so nennt der Physiker die beide Möglichkeiten zulassende Überlagerung von Wellen – kommt es auch in dem zwischen den Spiegeln hin- und hergehenden Licht. Das nützt man aus, um das gewünschte Licht zu verstärken. Man kann eine Verstärkung allerdings nur dann erzielen, wenn man die beiden Spiegel in einer ganz bestimmten Weise anordnet. Würden die Spiegel in einem willkürlich gewählten Abstand voneinander aufgestellt, dann wäre die durch das gegenseitige Auslöschen der Wellen bewirkte Dämpfung des Lichts größer als die Verstärkung, die sich aus dem Aufschaukeln der Wellen ergibt. Das brächte keinen Gewinn. Durch einen einfachen Kunstgriff läßt sich aber erreichen, daß die Verstärkung gegenüber der Dämpfung zunimmt, und zwar ständig zunimmt bis zur größtmöglichen Steigerung, das heißt bis zur größtmöglichen Leistung des Lasers. Der Kunstgriff besteht darin, daß man den Abstand der Spiegel so bemißt, daß die Wellen des gewünschten Lichts auf dem gleichen Schwingungsweg zurücklaufen, auf dem sie ankommen. Das ist dann der Fall, wenn der Spiegelabstand ein ganzzahliges Vielfaches der halben Wellenlänge des er-

48 Das sichtbare Licht ist nur ein kleiner Ausschnitt aus dem Spektrum der elektromagnetischen Wellen, das von den Rundfunkwellen bis zu den kosmischen Strahlen reicht. (Seite 35)

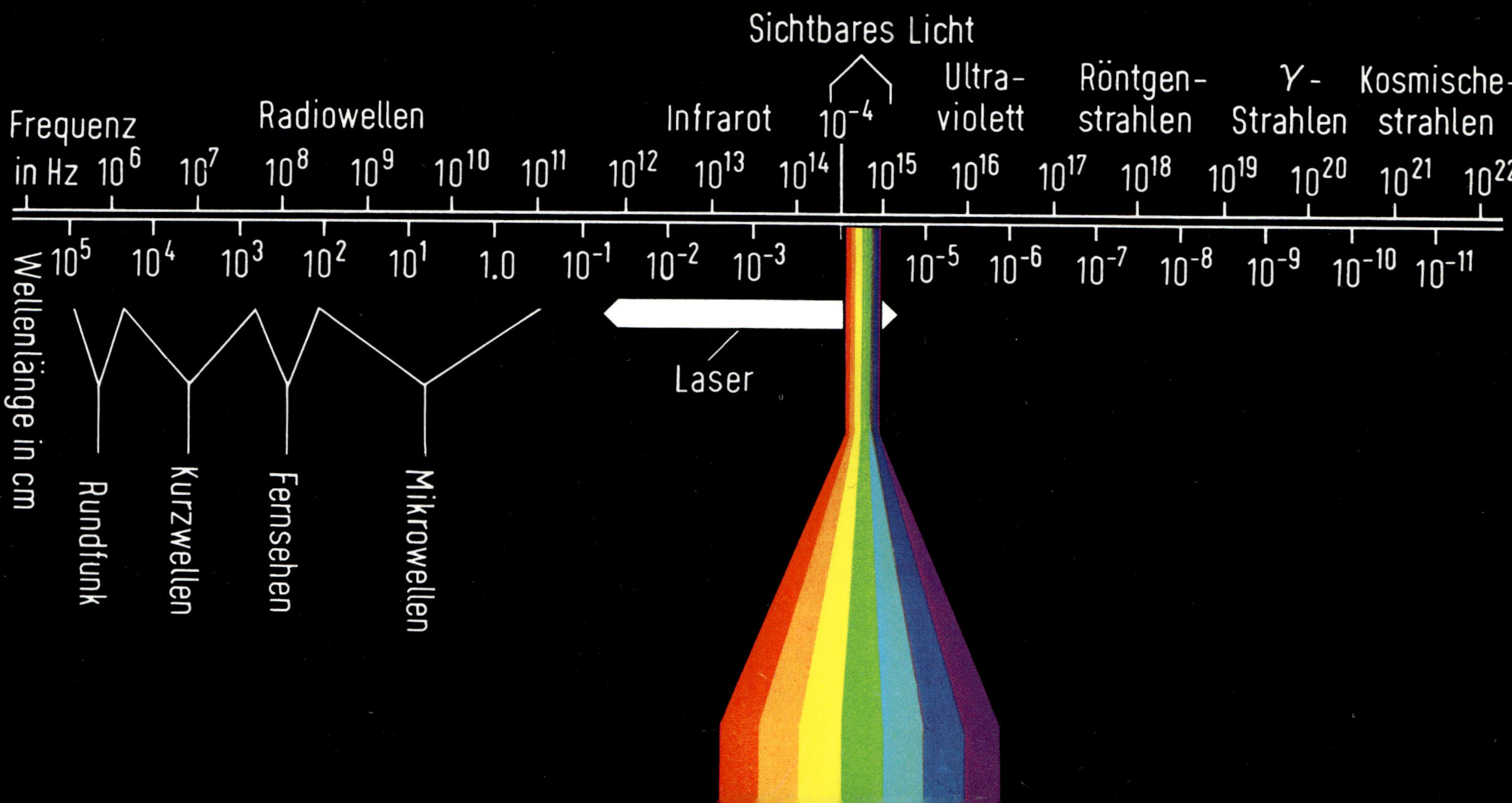

Sichtbares Licht
Frequenz in Hz
Radiowellen
Infrarot
Ultra-violett
Röntgen-strahlen
γ-Strahlen
Kosmische-strahlen
10^6 10^7 10^8 10^9 10^10 10^11 10^12 10^13 10^14 10^15 10^16 10^17 10^18 10^19 10^20 10^21 10^22
10^-4
Wellenlänge in cm
10^5 10^4 10^3 10^2 10^1 1.0 10^-1 10^-2 10^-3 10^-5 10^-6 10^-7 10^-8 10^-9 10^-10 10^-11
Laser
Rundfunk
Kurzwellen
Fernsehen
Mikrowellen

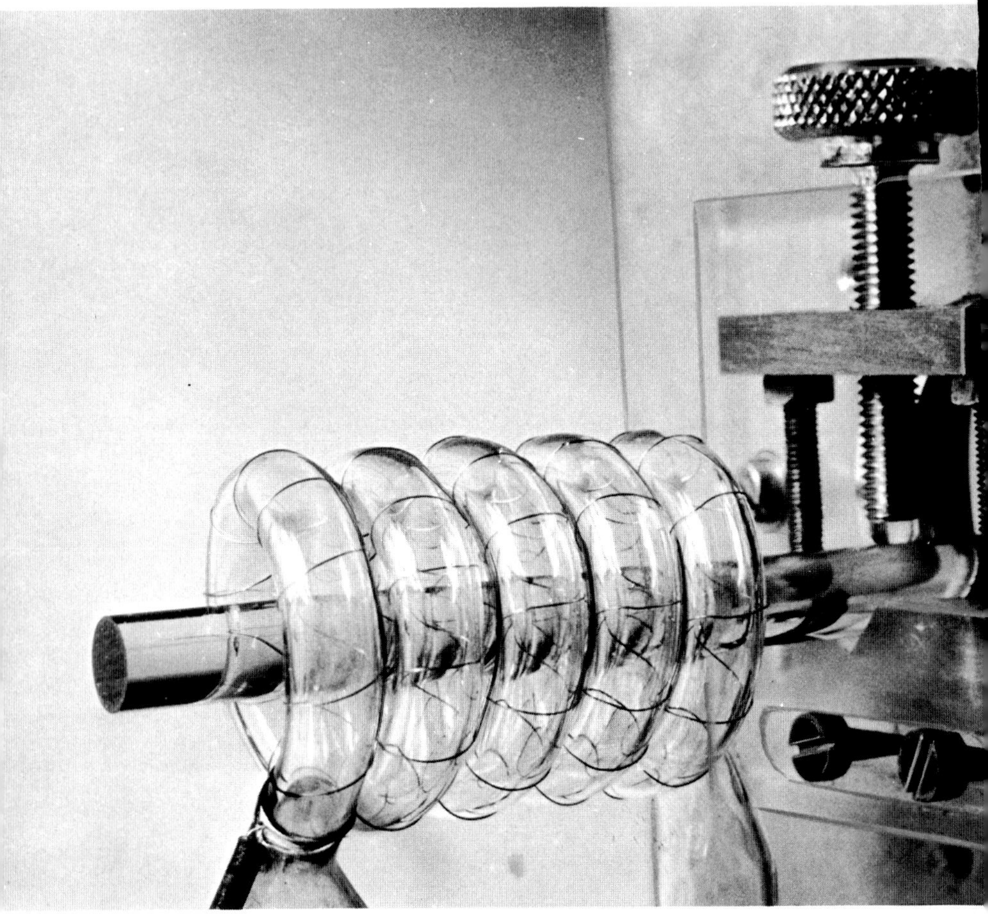

strebten Lichts beträgt. Auf diese Weise müssen sich alle Wellen gleicher Wellenlänge zwangsläufig so überlagern, daß stets Wellenberg auf Wellenberg und Wellental auf Wellental trifft. Damit schaukeln sich die Wellen gleicher Wellenlänge ständig gegenseitig auf, das heißt, es kommt zu einer ständigen Lichtverstärkung, denn mit dem Aufschaukeln wächst die Amplitude und damit die Leistung. Alle übrigen Lichtwellen, die eine andere Wellenlänge haben, löschen sich bei dem raschen Hin und Her ebenso zwangsläufig aus. Das Ausfiltern einer bestimmten Lichtfarbe und Lichtrichtung ist mit dieser Methode zwar auch in optischen Systemen möglich, in denen es keine stimulierte Emission gibt. Solche Systeme erbringen aber, wenn das durch Resonanz ausgesiebte Licht nicht ständig vermehrt wird, nur eine äußerst geringe Leistung. Gerade diese Vermehrung wird durch den mit dem Resonanzprozeß verbundenen Lawinenprozeß der stimulierten Emission erreicht.

Dabei ist es keineswegs so, daß die beiden Prozesse lediglich gleichzeitig nebeneinander ablaufen und sich in ihrer Wirkung additiv ergänzen. Sie bedingen sich im Laser gegenseitig. Da, wie schon gesagt, bei der stimulierten Emission die Neigung der Atome, Lichtenergie mit der Richtung und Frequenz der Reizstrahlung abzugeben, um so größer ist, je stärker die Reizstrahlung ist, wird diese Neigung durch den Resonanzprozeß in wachsendem Maß gefördert. Es ist ein ähnlicher, aber eben komplexerer und damit noch viel wirkungsvollerer Lawinenprozeß wie bei der für sich betrachteten stimulierten Emission: Die von den Chrom-Atomen abgegebene Lichtstrahlung wird durch die Spiegelresonanz zugleich gerichtet, auf eine einheitliche Frequenz und Phasenfolge abgestimmt und verstärkt; das so erzeugte gebündelte, streng einfarbige und kohärente Licht veranlaßt, je mehr es auf seinem Hin- und Herweg verstärkt wird, um so mehr Chrom-Atome zur stimulierten Emission; die auf diese Weise neu entstehenden Lichtwellen, die nunmehr alle mit gleicher Wellenlänge ausgesendet werden, überlagern sich wieder und schaukeln sich gegenseitig auf; damit werden noch mehr Chrom-Atome gereizt, passendes Licht abzugeben und so weiter. Da das alles ungeheuer rasch passiert, hat man spätestens eine Tausendstel-Sekunde nach dem Einschalten des Lasers das wohlgeordnete, völlig einförmige und konstante Laserlicht zur Verfügung.«

»Wie aber bekommt man dieses Licht aus dem Laser heraus?«

»Indem man einen der beiden Spiegel etwas durchlässig macht, so

In seiner einfachsten Form besteht ein Laser aus einem an den Endflächen verspiegelten Rubinstab und aus einer ihn umschlingenden Blitzlampe. (Seite 45 ff.)

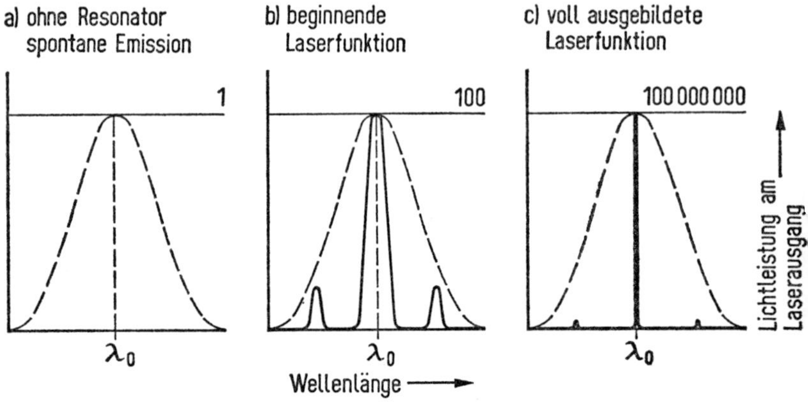

Abb. 8: Das Diagramm zeigt die Entstehung des streng einfarbigen Laserlichts: Mit zunehmender Verstärkung werden die zunächst unterschiedlichen Lichtwellenlängen zu einer einzigen, mit λ_0 bezeichneten Wellenlänge verdichtet. Damit wächst die Spitzenleistung bei dieser Wellenlänge auf das Hundertmillionenfache an.

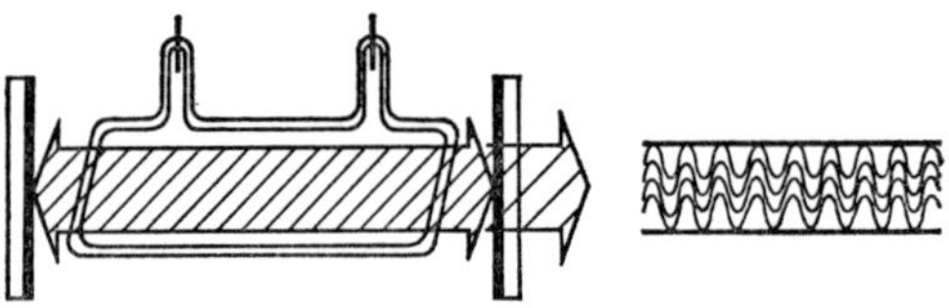

Abb. 9: Aus dem Laser tritt Licht einheitlicher Frequenz, Phase, Amplitude und Richtung aus. Es ist also Licht höchster Ordnung.

daß ständig ein Teil des im Laser hin- und hergehenden Lichts nach außen gelangt und einen kontinuierlichen gebündelten Strahl bildet. Dabei genügt es, wenn dieser eine Spiegel nur etwa drei Prozent des im Laser erzeugten Lichts austreten läßt, denn die Leistungsdichte im Laser ist so außerordentlich hoch, daß selbst drei Prozent davon noch einen genügend starken Strahl ergeben. Da der teildurchlässige Spiegel die übrigen siebenundneunzig Prozent des Lichts reflektiert und dadurch wieder in den Verstärkungsprozeß einspeist, entsteht auch kein Verlust. Beim nächsten Rücklauf kommt das zunächst um drei Prozent geschwächte Licht ja erneut mit hundert Prozent an dem durchlässigen Spiegel an. Man gewinnt also aus dem Laser ein verlustlos konstantes Licht. Und darauf zielt das ganze System ab.

Daß innerhalb dieses Systems ein geringfügiger Leistungsverlust auftritt, weil es keinen idealen Spiegel gibt, der nicht wenigstens einen winzigen Bruchteil des Lichts absorbiert oder zerstreut, hat damit nichts zu tun. Ich erwähne das auch nur, um dem Vorwurf der Unexaktheit zu begegnen. Ein Naturwissenschaftler muß, wenn er etwas allgemeinverständlich machen will, immer vorsichtig sein. Er muß sich stets davor hüten, der Anschaulichkeit die Richtigkeit zu opfern.«

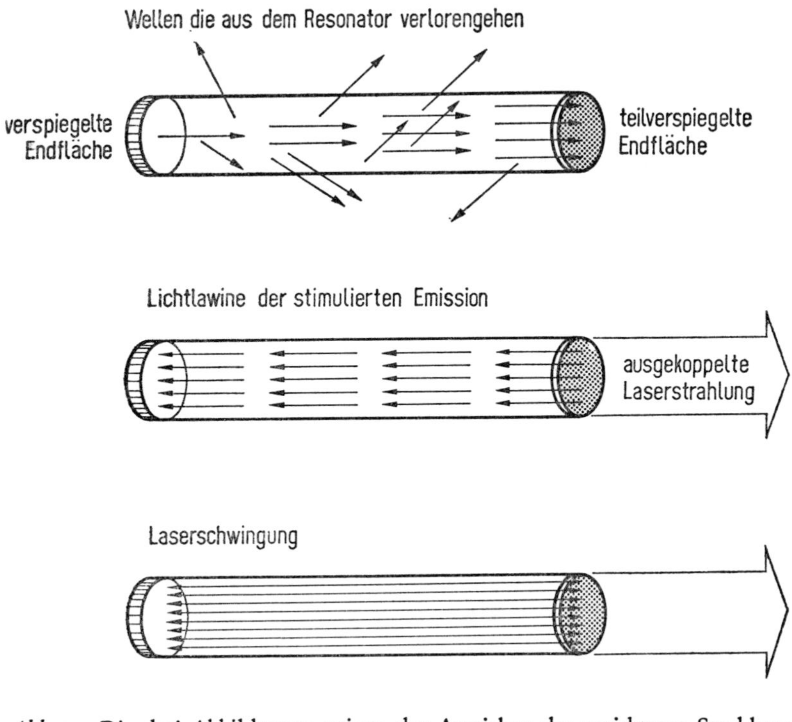

Abb. 10: Die drei Abbildungen zeigen das Aussieben der gerichteten Strahlung und das Anwachsen der Lichtlawine im Laser. Die Spiegel sind hier unmittelbar auf den Kristall-Endflächen aufgebracht.

»Sie haben vorhin sehr anschaulich und, da Sie keine Einschränkung machten, offenbar auch exakt die lawinenartige Lichtverstärkung im Laser beschrieben. Demnach müßte sich das Licht durch die beiden miteinander verbundenen Prozesse der stimulierten Emission und der Spiegelresonanz ins Unermeßliche verstärken lassen. Wodurch wird die Verstärkung schließlich begrenzt?«

»Ganz einfach dadurch, daß kein physikalisch-technisches System denkbar ist, aus dem man mehr Energie herausholen könnte, als man hineinsteckt. Wenn man die Lampe, die den Laser speist, einschaltet, dann schaukelt sich das Licht im Laser innerhalb kürzester Zeit so weit auf, wie es die zugeführte Lichtleistung zuläßt. Das heißt, die Amplitude der Laserstrahlung paßt sich nach einem nur einen Sekundenbruchteil währenden Einschwingen der zugeführten Leistung an. Größer kann sie nicht werden, denn entsprechend dem bekannten ersten Hauptsatz der Thermodynamik kann Energie weder verlorengehen noch irgendwie erzeugt werden. Sie kann nur aus einer Form in eine andere umgewandelt werden. Das gilt auch für den Laser, in dem lediglich natürliches Licht in künstliches Licht mit bestimmten Eigenschaften umgeformt wird. Daß die Amplitude dieser künstlichen Lichtschwingung durch den Energiesatz beschränkt wird, ist sogar sehr wichtig, weil nur auf diese Weise Laserlicht mit konstanter Leistung entsteht.«

»Sie haben sehr ausführlich erklärt, wie das Laserlicht physikalisch beschaffen ist und wie es technisch erzeugt wird. Können Sie jetzt, um auf das Videophon in meinem Romankapitel zurückzukommen, beschreiben, wie sich mit Laserlicht Gegenstände räumlich abbilden lassen, und zwar so, daß man sie sogar von verschiedenen Seiten betrachten kann?«

»Es ist, wie ich schon sagte, das Verfahren der Holographie, das Ihrem Videophon der Zukunft zugrunde liegt. Am besten läßt es sich wohl erklären, wenn man von der Frage ausgeht, wie ein räumlicher Gegenstand dem menschlichen Auge sichtbar wird. Der Gegenstand leuchtet ja nicht selbst, sondern er wird beleuchtet. Das natürliche Licht, das von der Sonne oder von einer Lampe kommt, trifft als gestreutes Licht aus verschiedenen Richtungen auf ihn auf und wird von ihm zum einen Teil absorbiert, zum anderen reflektiert. Das Auge nimmt nur das reflektierte Licht wahr; und aus diesem reflektierten Licht entnimmt es die Informationen über den Gegenstand: über seine Größe, seine Gestalt, seine Farbe und seine Materialstruktur. Da der Mensch zwei Augen hat, mit denen er den Gegenstand gleichzeitig unter verschiedenen Sichtwinkeln betrachten kann, gewinnt er ein räumliches Bild von ihm. Das Gehirn verarbeitet die Lichtinformationen, die von den beiden Augen getrennt aufgenommen werden, so, daß eine einheitliche, eben räumliche Vorstellung von dem Gegenstand entsteht. Das Ganze ist ein höchst komplizierter Vorgang, der damit beginnt, daß die Lichtwellen-Konfiguration, die von dem Gegenstand kommt, im Auge durch eine Linse geleitet und auf der Netzhaut verkleinert abgebildet wird. Das gleiche geschieht in der Kamera, in der das Wellenbild durch eine Linse oder durch ein Linsensystem verkleinert und auf einer Photoplatte festgehalten wird. Unter welchem Blickwinkel der Gegenstand erscheint, hängt jeweils davon ab, wie die Achse der Linse oder des Linsensystems auf den Gegenstand gerichtet ist. Unter diesem und nur unter diesem Winkel wird er bei der Abbildung auf der Photoplatte fixiert, und man kann ihn, wenn man die entwickelte Photoplatte oder einen Abzug davon betrachtet, auch nur aus diesem Winkel sehen.

Aber ist denn, so fragt man mit gutem Grund, der Umweg über die Optik des Auges oder der Kamera nötig? Warum sollte man die von dem Gegenstand kommende Wellenkonfiguration, in der alle Informationen über den Gegenstand enthalten sind, nicht unmittelbar festhalten können? Man kann den Gegenstand ja auch durch ein Fenster betrachten, das die Lichtwellen ungehindert durchläßt. Wenn man nun eine Möglichkeit findet, die Lichtwellen auf der Fensterscheibe festzuhalten, indem man sie sozusagen einfriert, und wenn man in der Lage ist, nach einer beliebigen Zeit diese Wellen wieder aufzutauen und damit freizusetzen, dann braucht der Gegenstand gar nicht mehr dazusein, er erscheint dennoch in voller Natürlichkeit, weil die für eine Weile fixierten Lichtwellen in der gleichen Weise auf das Auge treffen wie bei der direkten Betrachtung. Selbstverständlich lassen sich Lichtwellen nicht einfrieren; das war nur als Gleichnis gemeint. Aber sie lassen sich auf einer Photoplatte festhalten, allerdings nicht, wenn es Wellen von natürlichem Licht sind. Und zwar deshalb nicht, weil sich die Wellenkonfiguration des natürlichen Lichts ständig so rasch ändert, daß man mit Belichtungszeiten auskommen müßte, die kaum länger als eine Milliardstel Sekunde sein dürften. Es gibt keine Photoplatte, die auch nur annähernd so lichtempfindlich ist, daß eine derart kurze Belichtungszeit genügte.«

»Ändert sich denn die Wellenkonfiguration auch dann ständig, wenn sie von einem unbewegten Gegenstand ausgeht?«

»Sie ändert sich immer, weil das natürliche Licht, mit dem der Ge-

»Wenn Sie sie gegen natürliches Licht halten, sehen Sie gar nichts. Sie erkennen lediglich, daß sie irgendwie belichtet worden ist. Sie zeigt ein sehr transparentes milchiges Grau. Erst wenn Sie die Platte in das gleiche Laserlicht stellen, mit dem die Aufnahme gemacht wurde, können Sie den Gegenstand erkennen. Aber Sie müssen sie so aufstellen, daß das Laserlicht frontal auf sie fällt. Da Sie, wenn Sie hinter der Platte stehen und wie durch ein Diapositiv durch sie hindurchschauen, von dem direkt auf Sie zukommenden Laserlicht geblendet werden, können Sie den Gegenstand nur sehr schwach sehen. Aber Sie sehen ihn räumlich, denn durch die Laserbeleuchtung wird die auf der Platte erstarrte Wellenkonfiguration wieder lebendig, und Sie sehen sich den gleichen Lichtverhältnissen gegenüber wie bei der Aufnahme. Da im Unterschied zu einem normalen Diapositiv auf der Platte nicht das durch die Optik der Kamera entworfene Abbild, sondern die unmittelbare und ungesteuerte Wellenkonfiguration fixiert ist, gewinnen Sie den gleichen Eindruck wie bei der direkten Betrachtung des Gegenstandes. Sie können also auch Ihren Blickwinkel ändern und den Gegenstand aus verschiedenen Richtungen anschauen. Von wievielen Seiten Sie ihn betrachten können, hängt allein von der Größe des Hologramms ab.«

»Sie sagten, das Verfahren, das Sie eben beschrieben haben, sei das einfachste. Aber es ist offenbar nicht sehr befriedigend, da man in der direkten Blickrichtung auf die Laserlichtquelle den Gegenstand nur sehr schwach erkennt. Ich nehme an, es gibt eine Möglichkeit, ihn so deutlich abzubilden, daß er in gleicher Natürlichkeit wie bei der direkten Betrachtung erscheint.«

»Diese Möglichkeit gibt es auch. Ich habe das einfache, wie Sie mit Recht sagen unbefriedigende Verfahren nur deshalb erwähnt, weil es das Prinzip der Holographie zeigt und zugleich das Verständnis des heute angewendeten, verbesserten Verfahrens erleichtert. Es ist übrigens auch das älteste Verfahren, das 1948 der aus Ungarn stammende, aber seit langem in England lebende Physiker Dennis Gabor erstmals anwendete.«

»Aber damals gab es doch noch gar keine Laser.«

»Gabor hat seine Versuche mit natürlichem Licht gemacht, aus dem er mit einer Reihe von Blenden und Filtern laserähnliches Licht herausgefiltert hat. Ich habe, als wir von der Erzeugung einfarbigen und gebündelten Lichts sprachen, diese Möglichkeit bereits angedeutet. Ich habe auch erwähnt, daß man damit nur ein äußerst schwa-

 Mit bloßem Auge ist auf einem Hologramm nichts zu erkennen. Erst das Mikroskop enthüllt die scheinbar regellosen Wellenüberlagerungs- oder Interferenzmuster. (Seite 57 ff.)

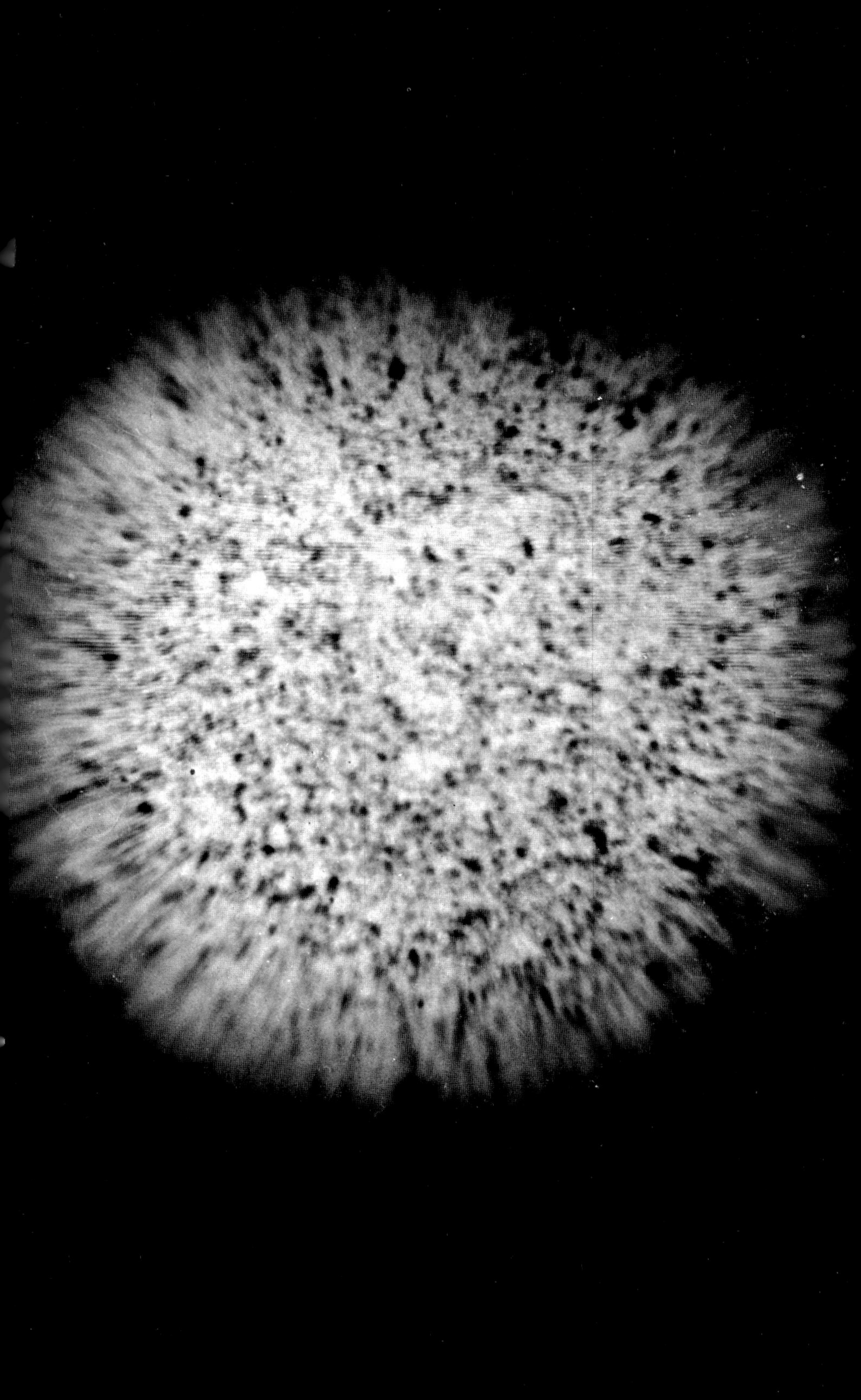

ches und keineswegs so einheitliches Licht wie das Laserlicht gewinnt. Schon deshalb waren, abgesehen von der Blendwirkung beim direkten Lichteinfall, diese ersten Versuche ziemlich unergiebig. Erst als von 1960 an Laser zur Verfügung standen, konnte man Gabors Idee aufgreifen und brauchbare Hologramme herstellen. Dabei hat man das ursprüngliche Verfahren in der Weise abgewandelt, daß man den aus dem Laser austretenden Lichtstrahl nicht nur aufweitet, sondern zugleich auch in zwei Strahlen aufteilt. Das kann man verhältnismäßig einfach machen, indem man den aufgeweiteten Strahl auf einen halbdurchlässigen Spiegel treffen läßt, der schräg zur Achse des Strahls aufgestellt ist. Dadurch wird das Laserlicht zur einen Hälfte durch den Spiegel durchgeleitet, zur anderen von ihm reflektiert. Den durchgeleiteten Strahl richtet man auf die Photoplatte, den reflektierten über einen zweiten, im entsprechenden Winkel angeordneten und voll reflektierenden Spiegel auf den Gegenstand. Die Photoplatte ist so aufgestellt, daß in ihrem Bereich das über die Spiegel geleitete und von dem Gegenstand reflektierte Licht mit dem direkt aus dem Laser kommenden Licht zusammentrifft. Die bloße Beschreibung dieser Anordnung ist etwas verwirrend. Viel klarer und einleuchtender wird sie, wenn man den Strahlengang an einer schematischen Zeichnung verfolgen kann. Es wird vor allem deutlich, wie – rein geometrisch betrachtet – die von dem Gegenstand ausgehenden und alle Informationen über ihn enthaltenen Wellen in einem bestimmten Bereich mit den unmittelbar und unverändert vom Laser kommenden Wellen zusammentreffen. Dieser Bereich ist das eigentlich Interessante an der ganzen Anordnung, denn in ihm überlagern sich die beiden Wellengruppen. Es entstehen Interferenzen, bei denen sich die Wellen teilweise gegenseitig verstärken und teilweise gegenseitig auslöschen, je nachdem, wie sie aufeinandertreffen. Das Wie bestimmen die Gegenstandswellen, weil sie diejenigen sind, die durch die Gestalt und durch die Oberflächenstruktur des Gegenstandes verändert wurden. Es ergibt sich also in dem Überlagerungsbereich ein Interferenzbild, das genauso charakteristisch für den Gegenstand ist wie die von ihm ausgehenden und für sich betrachteten Wellen. Die direkt vom Laser kommenden Wellen dienen lediglich als Bezugswellen, durch die die charakteristischen Überlagerungen oder Interferenzen hervorgerufen werden. Stellt man nun in den Interferenzbereich eine Photoplatte und belichtet sie entsprechend lang, dann wird auf ihr sozu-

Laboranordnung für die holographische Aufzeichnung eines Kristallgitter-Modells: Hier wird der Laserstrahl in zwei Beleuchtungswellen und eine Bezugswelle aufgeteilt. Der Laserstrahl ist in seinem Verlauf bis zu den aufweitenden Linsen zu verfolgen. (Seite 61 ff.)

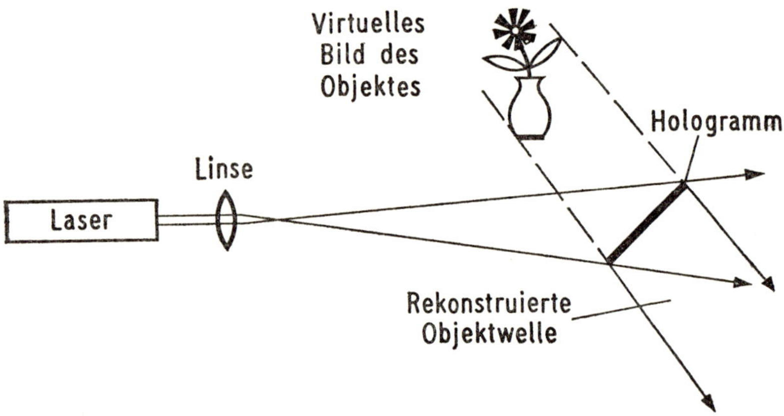

Abb. 13: Bei der Wiedergabe eines Hologramms ist der Strahlengang erheblich einfacher als bei der Aufnahme, da zur Wiedergabe nur der Bezugsstrahl erforderlich ist.

»Sie haben ganz recht mit Ihrem Einwand. Um den Gegenstand nicht in diesem harten Licht erscheinen zu lassen, leitet man den aufgeweiteten Laserstrahl durch eine Mattscheibe. Dadurch wird aus dem streng gerichteten Licht ein diffuses Licht, das den Gegenstand sehr viel weicher beleuchtet und auf der Platte auch ein entsprechend weicheres Bild von ihm aufzeichnet.«
»Damit geht aber doch eine der wesentlichen Eigenschaften des Laserlichts verloren: seine einförmige Richtung.«
»Auf die kommt es in der Holographie gar nicht an. Im Gegenteil: Würde man den Gegenstand mit streng parallelem Licht beleuchten, dann träfen die von den einzelnen Oberflächenpunkten reflektierten Wellen nur aus einigen wenigen Richtungen auf die Photoplatte, und in dem Interferenzbild wären dementsprechend jedem Punkt auch nur einige wenige Abbildpunkte zugeordnet. Man bekäme also eine recht unbefriedigende räumliche Aufzeichnung von dem Gegenstand. Anders ist es, wenn das Licht durch eine Mattscheibe verteilt wird und von mehreren Seiten auf den Gegenstand fällt, denn dann treffen auf jeden seiner Oberflächenpunkte etliche Wellen mit unterschiedlicher Richtung. Und da diese Wellen auch mit unterschiedlicher Richtung reflektiert werden, wird auf dem Interferenzbild jeder Gegenstandspunkt mehrfach und sogar sehr oft festgehalten.

Im Gegensatz zu der einfachen Zuordnung, wie sie in der Abbildungsebene der Linse hergestellt wird, enthält das mit diffusem Laserlicht aufgenommene Hologramm eine vielfache Zuordnung. Deshalb kann man den Gegenstand auf dem Hologramm auch von verschiedenen Seiten betrachten. Dabei ist es so, daß die zahlreichen, jeweils einem Gegenstandspunkt zugeordneten Interferenzmuster ziemlich gleichmäßig über das ganze Hologramm verteilt sind. Man kann daher die Platte ohne weiteres in einzelne Stücke zerbrechen und sieht dennoch durch jedes Teilstück den ganzen Gegenstand. Seine Oberflächenpunkte sind auf dem Hologramm so oft aufgezeichnet, daß auch ein Teilstück davon alle Informationen über ihn enthält. Um noch einmal den Fenstervergleich aufzugreifen: Man kann das Fenster verkleinern und sieht doch den Gegenstand ganz; man beschränkt lediglich die möglichen Blickwinkel.«

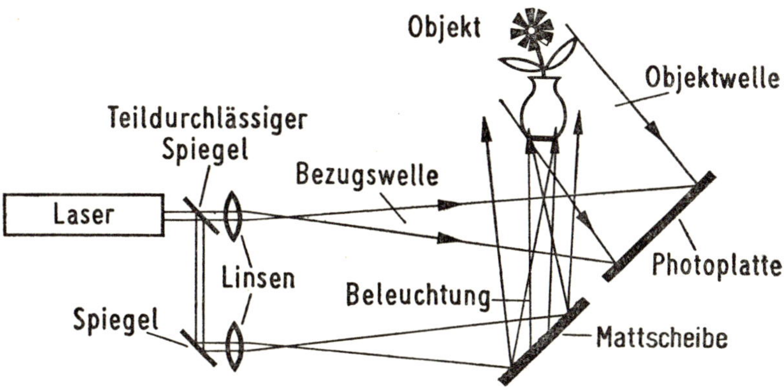

Abb. 14: In dieser Zeichnung ist in den Strahlengang bei der Hologramm-Aufnahme die Mattscheibe eingefügt, durch die der Gegenstand mit diffusem Licht beleuchtet wird.

»Aber etwas muß doch, wenn man das Hologramm in kleinere Stücke zerteilt, verlorengehen. Widerspricht es nicht aller Logik, daß man mit einem Teil des Ganzen ebenso viel hat wie mit dem Ganzen?«

»Wenn man zuerst das ganze Hologramm und dann ein Stück davon betrachtet, erscheint es zunächst wirklich so, als sei in der Holographie die Logik aufgehoben. Der Widerspruch ist aber ganz ein-

Für die Photographie stehen Platten und Filme zur Verfügung, die auch bei hoher Empfindlichkeit noch eine genügende Auflösung bieten. Doch für Hologramme ist eine ungleich viel höhere Auflösung erforderlich. Die Silberbromid-Körner dürfen in ihrem Durchmesser nicht größer sein als ein Hundertstel einer Lichtwellenlänge. Das erklärt, warum man bei der Aufnahme eines Hologramms so lang belichten muß, wenigstens vorläufig noch. Es wird gewiß nicht immer so bleiben; die Photochemie wird vermutlich schon in den nächsten Jahren Filme herstellen, die mit einem neuartigen Material beschichtet sind, das große Empfindlichkeit mit hoher Auflösung verbindet. Die Holographie ist ja noch sehr jung, und genauso jung sind die Anforderungen, die sie an die Photochemie stellt. Solange kein Bedürfnis nach so extremen Filmeigenschaften vorlag, solange gab es keinen Anlaß, sich damit zu beschäftigen.«

»Wie empfindlich müßte denn ein neuartiges Filmmaterial sein? Welche Belichtungszeiten müßte es gestatten, um Hologramme von bewegten Gegenständen oder Personen aufnehmen zu können?«

»Die Belichtungszeiten müßten in jedem Fall sehr viel kürzer sein als in der Photographie. Mit einer fünfzigstel oder hundertstel Sekunde, die für die Filmkamera genügt, um scharfe Einzelbilder einer Bewegung zu erhalten, kann man in der Holographie niemals auskommen. Das Interferenzbild eines nur langsam bewegten Gegenstandes ändert sich bereits in einer tausendstel Sekunde so sehr, daß man auf dem Hologramm keine Struktur mehr erkennen kann. Sie wird schon unkenntlich, wenn sich der Gegenstand während der Zeit der Belichtung um mehr als eine Wellenlänge, also um mehr als einen tausendstel Millimeter verschiebt. Man muß daher, wenn man gar eine rasche Bewegung holographisch aufzeichnen möchte, zu Belichtungszeiten kommen, die weit unter einer tausendstel Sekunde liegen.«

»Ist das überhaupt denkbar?«

»Es ist sogar schon möglich. Man verwendet allerdings für solche Aufnahmen nicht Laser, die ständig strahlen, sondern spezielle Laser, die ihr Licht in sehr kurzen, rasch aufeinanderfolgenden Impulsen abgeben. Diese Impulse haben eine Dauer von etwa einer hundertmillionstel Sekunde. Dabei ist die Lichtleistung groß genug, um ein geeignetes Filmmaterial so zu belichten, daß ein klares Hologramm entsteht. Da sich die Impulsfolge beliebig variieren läßt, kann man es ohne Schwierigkeiten so einrichten, daß auf einem

 Auf einem Hologramm kann man den abgebildeten Gegenstand in verschiedenen Schärfe-Ebenen und unter verschiedenen Blickwinkeln betrachten. Diese Möglichkeiten des räumlichen Sehens werden hier an der Abbildung der Majolika »Das Urteil des Paris« von Fridericke May demonstriert. (Seite 58 ff.)

bewegten Filmstreifen vierundzwanzig oder fünfundzwanzig Einzelhologramme in der Sekunde aufgezeichnet werden. Im Unterschied zur Filmkamera braucht man bei der Aufnahme weder einen Kameraverschluß noch eine Sektorenblende. Der Filmstreifen kann auch ohne Bewegungsunterbrechung an dem gepulsten Laserlichtfeld vorbeilaufen, denn die Belichtungszeit ist, verglichen mit der Laufgeschwindigkeit des Films, so extrem kurz, daß mit Sicherheit eine Serie von scharfen Hologrammen entsteht.

Zur Betrachtung des entwickelten Hologramm-Films bedarf es ebensowenig einer komplizierten Apparatur. Man kann sich sogar zwei einfache Versionen vorstellen: Entweder man verwendet einen ständig strahlenden Laser, einen sogenannten Dauerstrichlaser, dann muß der Film wie in einem Kinovorführgerät ruckweise ablaufen; oder man nimmt einen Impulslaser, der die Lichtimpulse im gleichen Rhythmus abstrahlt wie bei der Aufnahme. In beiden Fällen ist dafür gesorgt, daß während des Filmablaufs stets jedes Einzelhologramm an der richtigen Stelle steht und auch im richtigen Moment beleuchtet wird. Man gewinnt also in gleicher Weise wie im Kino oder am Fernsehschirm den Eindruck einer Bewegung.«

»Lassen sich auf diese Weise auch Spielhandlungen, wie sie im Kino und im Fernsehen gezeigt werden, holographisch aufzeichnen und wiedergeben?«

»Bis jetzt ist man bei der Aufnahme von Hologrammen räumlich noch sehr beschränkt, vor allem bei der Aufnahme von Hologramm-Filmen, die bewegte Gegenstände zeigen. Da bewältigt man vorerst kaum mehr als einen Raum vom Ausmaß eines Schuhkartons. Aber die Bewegungsholographie steckt ja noch ganz in den Anfängen. In einigen Jahren wird man gewiß erheblich größere Räume beherrschen. Das hängt, wie gesagt, in erster Linie davon ab, ob und wann ein entsprechend hochempfindliches und zugleich gut auflösendes Filmmaterial zur Verfügung steht.«

»Gibt es denn noch keine Impulslaser, deren momentane Lichtleistung ausreicht, um auch größere Räume wie Film- oder Fernsehstudios auszuleuchten?«

»Die gibt es. Man arbeitet seit einiger Zeit schon mit sogenannten Riesenimpulslasern, die eine Lichtleistung von mehreren tausend Milliarden Watt haben. Damit ließen sich ohne weiteres Film- oder Fernsehstudios ausleuchten. Aber diese Riesenimpulslaser sind leider nicht ungefährlich. Bei einer so hohen Lichtleistung würden, auch

Kristall-Laser werden ebenso wie Gas-Laser bereits in Serie hergestellt. In dem geöffneten Spiegelgehäuse ist vorne der wassergekühlte Kristallstab und dahinter die als Pumpquelle dienende Glühlampe zu sehen. (Seite 45 ff.)

muster überzogen, aus dem genau abzulesen ist, wie er sich verformt hat.«

»Wie kommen diese Interferenzmuster zustande?«

»Dadurch, daß auf ein und demselben Hologramm zwei Wellenbilder gespeichert sind, die sich bei der Betrachtung des Hologramms überlagern. Bei der Verformung eines Körpers ist das eine Wellenbild charakteristisch für den Anfangs-, das andere für den Endzustand. Aus der Art der Überlagerung der beiden Wellenbilder läßt sich der Grad der Verformung bestimmen. Bei der Schwingung der Membrane entsprechen die beiden Wellenbilder den periodisch wiederkehrenden Endphasen der Schwingung, in denen die Membrane für einen Augenblick stillsteht. Das Interferenzmuster, das sich aus der Überlagerung dieser Wellenbilder ergibt, ist ein Maß für die Weite und für die räumliche Verteilung der Schwingung.«

»Um auf den Hologramm-Spielfilm der Zukunft zurückzukommen: Wie würde man einen solchen Film anschauen? Der Betrachter gewinnt doch nur dann einen räumlichen Eindruck von einer Szenerie und den in ihr agierenden Personen, wenn er aus unmittelbarer Nähe durch den vor ihm ablaufenden Film durchschaut. Daß er gezwungen ist, das Filmgeschehen von einem festgelegten Platz aus wie durch ein Miniaturfenster zu betrachten, kann wohl kaum befriedigen. Und es könnten auch nie mehrere Personen gleichzeitig den Hologramm-Film anschauen. Würde man ihn aber auf eine Leinwand projizieren, dann ginge der räumliche Eindruck verloren. Gibt es eine technische Möglichkeit, den im Kleinbildformat aufgenommenen Film so zu vergrößern, daß man ihn wie auf einem großen Fernsehschirm betrachten kann?«

»Diese Möglichkeit bietet der Videoschirm, von dem Sie in Ihrem Romankapitel sprechen. Man muß ihn sich allerdings ganz anders vorstellen als einen Fernsehschirm. Während der Fernsehschirm, der auf der Innenseite mit einer Lumineszenzschicht überzogen ist, die beim Auftreffen des in Zeilen schreibenden Elektronenstrahls Licht abgibt, nichts anders ist als eine flächenhaft variable Lichtquelle, wirkt der Videoschirm der Zukunft wie ein großes Diapositiv, das von außen beleuchtet werden muß, wenn ein Bild entstehen soll. Im Unterschied zu einem Diapositiv ist auf dem Videoschirm aber nicht der erkennbare Bildinhalt, sondern das scheinbar völlig gestaltlose Interferenzmuster des Hologramms festgehalten, das erst dann ein Raumbild entstehen läßt, wenn es mit Laserlicht beleuchtet wird.

Der Techniker, der ein im kleinen vorhandenes Hologramm auf einen womöglich mehrere Quadratmeter großen Schirm zaubern soll, muß zwei nicht ganz leichte Aufgaben lösen: Die eine besteht darin, einen Schirm zu konstruieren, auf dem sich ein Hologramm mit der Feinstruktur von Lichtwellenlängen aufbauen läßt; die andere verlangt von ihm, das winzige Format des Aufnahme-Hologramms um ein Vielfaches zu vergrößern, ohne daß sich seine Struktur dabei ändert.
Man kann sich den Schirm, auf dem im ständigen raschen Wechsel Hologramme entstehen und verschwinden, als großflächige Glasscheibe vorstellen, auf der ein außerordentlich feines Gitternetz von hundert Millionen oder noch mehr Leitungsbahnen aufgedampft ist. Da diese Leitungsbahnen lichtdurchlässig sein müssen, wird man als Aufdampfmaterial Zinnoxid verwenden. Um ein Hologramm entstehen zu lassen, wird jedem Kreuzungspunkt der senkrecht und waagrecht angeordneten Leitungsbahnen ein elektrisches Signal zugeleitet, durch das an dem Kreuzungspunkt eine ganz bestimmte Spannung auftritt. Die Spannung ist für jeden Kreuzungspunkt so bemessen, daß durch sie das Laserlicht, mit dem man die Scheibe aus einem bestimmten Winkel beleuchtet, in der Weise moduliert wird, wie es dem Aufnahme-Hologramm entspricht. Die ungeheuer vielen Signale, die notwendig sind, um auf dem Videoschirm ein vollständiges Hologramm aufzubauen, können natürlich nur von einem Computer kommen. Dieser Computer, der künftig genauso selbstverständlich zu einer Video-Anlage gehören wird wie heute ein Verstärker zu einer Stereo-Anlage, übernimmt auch die Aufgabe der Vergrößerung des Aufnahme-Hologramms.«
»Wie macht das der Computer? Sie haben darauf hingewiesen, daß sich die Struktur des Hologramms bei der Vergrößerung nicht ändern darf. Das heißt, sie darf nicht grober werden. Es ist demnach weniger eine Vergrößerung, wie man sie aus der Photographie kennt, als eine Ergänzung eines sehr kleinen Hologramms zu einem um das Vielfache größeren. Der Computer muß also aus einem Teil ein Ganzes machen. Wie kann er das, wenn das Ganze nicht schon in dem Aufnahme-Hologramm vorgegeben ist?«
»Er kann es errechnen, denn die Informationen, die er dazu braucht, sind bereits im Aufnahme-Hologramm enthalten. Er muß sie lediglich in entsprechender Weise vervielfachen, um dann die ihnen zugeordneten Signale so an die Kreuzungspunkte der Leitungsbahnen

»Wird denn die Qualität nicht auf jeden Fall schlechter, wenn man die Anzahl der Informationen beschränkt?«
»Ja und nein. Aus der großen Informationsmenge des Hologramms resultiert seine außerordentliche Schärfe. Beschränkt man die Anzahl der Informationen, dann wird das Interferenzbild unschärfer. Aber die Schärfe ist so groß, daß sie das Auge gar nicht erfassen kann. Deshalb ist sie auch für die Wiedergabe auf dem Videoschirm zu groß, sogar viel zu groß. Die wahrnehmbare Bildqualität wird in keiner Weise beeinträchtigt, wenn man das Zuviel an Schärfe wegnimmt. Das ist die eine Möglichkeit, die Informationsmenge für die Übertragung zu reduzieren, ohne daß das Hologramm merkbar verschlechtert wird.
Es bietet sich aber noch eine andere Möglichkeit an: Viele der im Hologramm enthaltenen Informationen sind unwesentlich, weil sie im Grunde nur Wiederholungen gleicher Informationen sind. Es war ja früher schon davon die Rede, daß im Unterschied zu einem Photo auf dem Hologramm jeder Gegenstandspunkt vielfach aufgezeichnet ist. Genauso wie man mit einem Computer das kleine Format des Filmhologramms vervielfachen und damit auf das Format des Videoschirms vergrößern kann, genauso kann man rechnerisch die sich wiederholenden Informationen auf die Menge beschränken, die für die Vollständigkeit des Bildinhalts notwendig ist.
Die Informationsmenge, die schließlich übrigbleibt, ist kaum größer als die eines normalen Fernsehbildes. Sie läßt sich deshalb auch ohne weiteres übertragen. Bei der Wiedergabe auf dem Videoschirm, auf dem Personen und Gegenstände aus verschiedenen Blickwinkeln und von verschiedenen Seiten zu betrachten sein sollen, muß die für die Übertragung reduzierte Informationsmenge natürlich wieder vervollständigt werden. Aber das ist keine technische Schwierigkeit; es ist rechnerisch lediglich der umgekehrte Vorgang wie bei der ebenfalls von einem Computer besorgten Beschränkung. Auch bei der Errechnung des großen Hologramm-Formats aus dem kleinen ergänzt, wie gesagt, der Computer Informationen. Das, was übertragen wird, ist ohnehin nicht das Hologramm selbst, sondern lediglich eine Anweisung an den Rechner, die ihm zeigt, wie er das Interferenzmuster, das zu dem räumlichen Bildeindruck führt, aufbauen muß.«
»Fügt der in der Video-Anlage eingebaute Computer bei der Er-

rechnung des vollständigen und großen Hologramms auch die für die Übertragung ausgesparten Schärfe-Informationen hinzu?«
»Nein, das ist weder möglich noch notwendig. Es ist nicht möglich, weil sich die Schärfe grundsätzlich nicht aus einer geringeren Anzahl von Informationen errechnen läßt; und es ist nicht notwendig, weil die Schärfe eben nicht größer zu sein braucht, als sie das Auge wahrnehmen kann.«
»Wie macht man es technisch, um die unnötige Schärfe zu eliminieren?«
»Das muß bereits bei der Aufnahme geschehen. Es gibt dazu zwei Möglichkeiten: Man kann zum Beispiel das Hologramm mit langwelligem Laserlicht, also mit Laserlicht im Infrarotbereich aufnehmen. Das hat zur Folge, daß das Interferenzmuster grober wird, denn die geometrische Struktur eines Interferenzmusters hängt von der Länge der Lichtwellen ab. Wenn die Struktur grober ist, dann ist auch die Auflösung und damit die Schärfe geringer. Sie ist aber immer noch so groß, daß das Raumbild dem Auge sehr scharf erscheint. Die holographische Aufzeichnung mit infrarotem Laserlicht hat allerdings einen nicht unerheblichen Nachteil: Im infraroten Licht wirken die Gegenstände und vor allem die Personen, die man aufnehmen möchte, nicht ganz natürlich. Es entsteht ein merkwürdig harter Bildeindruck, und besonders die Augen von Personen werden eigentümlich verfremdet.
Eleganter, wenn auch technisch aufwendiger, ist es, die unnötige Schärfe durch ein Rasterverfahren zu eliminieren. Man kann dabei mit sichtbarem Laserlicht arbeiten, das die Szenerie und auch die Personen unverfälscht läßt, aber man muß die Beleuchtungsquelle so ausbilden, daß das Laserlicht durch rasterartige Blenden auf das Aufnahmefeld fällt. Die Gegenstände und Personen werden auf diese Weise nicht mehr voll und gleichmäßig, sondern nur noch punktuell beleuchtet. Damit wird erreicht, daß weniger Reflexionswellen auf den Film gelangen und demer tsprechend auch weniger Gegenstandspunkte abgebildet werden. Aber immer noch so viele, daß der Betrachter auf dem Videoschirm nichts an Schärfe vermißt. Dieses Verfahren läßt sich im übrigen nachrichtentechnisch leicht beherrschen.«
»Wenn es wirklich gelingen sollte, die für die normale Betrachtung überflüssige Schärfe des Hologramms herauszufiltern und die sich vielfach wiederholenden Bildinformationen durch einen Rechner so

zu reduzieren, daß man die am Ende übrigbleibenden Daten auf den vorhandenen Fernseh-Leitungswegen und -Richtfunkstrecken übertragen kann, wie sähe denn eine komplette Video-Anlage in der Wohnung aus?«

»Das kann man sich eigentlich schon recht gut vorstellen: Die Empfangsapparatur mit dem dazugehörenden Computer wird man in einen Wandschrank einbauen oder, wenn es dazu keine Möglichkeit gibt, in einer frei aufstellbaren Truhe unterbringen, so wie man es heute mit Stereo-Anlagen macht; die Lautsprecher wird man ebenfalls einbauen oder so im Raum aufstellen, daß sie nicht allzu sehr ins Auge fallen; und den Videoschirm wird man in eine freie Wandfläche einfügen. Der Schirm ist ja nichts anderes als eine wenige Millimeter starke Glasplatte, die man bündig in die Wand einlassen und deren Oberfläche man reflexfrei machen kann, so daß sie sich kaum von einer normalen Wand unterscheidet. Die Laserlichtquelle, die den Schirm anstrahlt, versteckt man am besten in einer Wandkante unter der Decke. Sie läßt sich wohl in allen Räumen ohne Schwierigkeit so installieren, daß das Laserlicht im richtigen Winkel und ohne daß es durch ein Möbelstück behindert wird auf den Schirm fallen kann. Da es fertigungstechnisch keine Rolle spielt, ob man die mit aufgedampften Leitungsbahnen gerasterte Scheibe größer oder kleiner macht, wird jeder, der sich eine Video-Anlage anschafft, das Schirmformat so wählen, wie es der Raum, für den die Anlage gedacht ist, zuläßt. Es ist auch ohne weiteres möglich, in einer Wohnung zwei oder gar drei Videoschirme einzubauen; sie können über eine einfache Zuleitung von der Empfangsanlage angesteuert werden.«

»Und wie stellen Sie sich einen häuslichen Video-Abend vor?«

»Ganz ähnlich, wie Sie es in Ihrem Romankapitel beschrieben haben: Die Zuschauer gruppieren sich in einem ganz beliebigen Abstand um den zwei, drei, vier oder noch mehr Quadratmeter großen Schirm und blicken, wenn die Video-Anlage eingeschaltet ist, in einen imaginären Raum, der sich hinter der Scheibe wie eine Bühne auftut. Für den, der das zum ersten Mal sieht, muß es faszinierend sein, eine Szenerie vor sich zu haben, die so lebendig ist, als wäre sie wirklich gegenwärtig. Die Wirklichkeit wird sogar noch vollkommener vorgetäuscht, als wenn man diese Szenerie durch ein riesiges Fenster betrachten würde, denn die Videoscheibe ist, wenn das auf ihr erzeugte Hologramm vom Laserlicht beleuchtet wird, gar nicht

mehr als Scheibe spürbar. Zwischen dem realen Raum, in dem man als Zuschauer sitzt, und dem imaginären Raum, in den man schaut, scheint es kein trennendes Medium zu geben.
Man wird manchmal geradezu versucht sein, die unsichtbare Grenze zu durchbrechen und zu den Personen hinzugehen, die der perfekte Spuk ins Haus gebracht hat. Man ist ja nicht wie ein Theaterbesucher, auch wenn er ganz nah an der Bühne sitzt, an einen Platz gebannt; man kann sich nach allen Seiten frei bewegen und das Geschehen, das der Hologramm-Film hervorzaubert, auch von allen Seiten betrachten. Man kann so nah herangehen, daß man mit der Nase an die Scheibe stößt, und man kann sich bis in den äußersten Winkel des Wohnraums vom Schirm entfernen, ohne das räumliche Spiel aus den Augen zu verlieren. Man fühlt sich wie in einem Theater, in dem es gestattet ist, herumzugehen wie man möchte und sogar die Bühne zu betreten, um dem Jongleur in einem Varieté, dem schlagfertigen Helden in einem Western, dem treffsicheren Inspektor in einem Krimi, dem Sängerstar in einer Oper, dem Bösewicht in einem klassischen Drama, dem hübschen Mädchen in einer Liebesgeschichte oder dem Experimentator in einem Forschungslaboratorium ganz genau zuzusehen.
Die Holokamera wird, was immer sie auch zeigt, die Szenerie stets aus der besten Sicht aufnehmen; und sie wird bei Nahaufnahmen Personen und Gegenstände auch so zeigen, daß man ihre besten Seiten sehen kann. Dabei lassen sich mit einem verstellbaren optischen System, mit dem man Entferntes heranholen kann, sehr verblüffende und unter Umständen geradezu gespenstische Perspektiven schaffen. Auf der Kinoleinwand und auf dem Fernsehschirm erscheinen Personen, die mit der ausgefahrenen Gummilinse aufgenommen wurden, lediglich größer; bei der holographischen Wiedergabe erscheinen sie echt näher. Es ist so, als bewegten sie sich auf den Zuschauer zu oder als würde der Zuschauer, ohne daß er einen Schritt zu tun braucht, auf magische Weise an sie herangeführt. In einem Krimi, in dem der eben noch aus sicherer Entfernung anschleichende Mörder mit einer Pistole oder einem Messer in der Hand plötzlich ganz dicht vor einem steht, kann das recht unheimlich sein. Mancher Zuschauer wird, da die Mordtat höchst realistisch im eigenen Raum geschieht, versucht sein, die Flucht zu ergreifen.
Daß sich Personen in Sekundenschnelle auf einen zubewegen, kommt in Wirklichkeit ja nie vor; deshalb kann man beinahe sagen,

daß das auf den Videoschirm gezauberte Geschehen mitunter wirklicher ist als die Wirklichkeit. Die Zuschauer werden auf diese Überwirklichkeit auch entsprechend reagieren. Sie werden gewiß nicht, wenn sie vor dem Videoschirm sitzen oder stehen, regungslos auf ihren Plätzen bleiben. Sie werden sich hin und her bewegen und von der einen Seite auf die andere gehen, um den Raum, in den sie schauen, und das Geschehen, das sich darin abspielt, voll überblikken zu können. Ein häuslicher Video-Abend wird also eine recht bewegte Unterhaltung sein.
Man kann sich sogar noch einen besonderen technischen Trick vorstellen: Wenn man am Schaltpult der Video-Anlage einen Knopf drückt, dann wird der Hologramm-Film angehalten und das Raumbild bleibt stehen. Der Zuschauer kann das, was ihn interessiert und was ihm beim fortgesetzten Ablauf nur flüchtig erscheint, in aller Ruhe und von allen Seiten betrachten. Sobald seine Neugierde befriedigt ist, löst er den Knopf und schaltet sich damit wieder in die Filmhandlung ein. Das läßt sich sehr einfach arrangieren: Durch das Drücken des Anhalteknopfes erhält der Computer die Anweisung, so lange die gleichen Steuersignale auf den Videoschirm zu geben, bis der Knopf gelöst wird; dann übernimmt er wieder das im Empfänger ankommende Programm.«
»Aber der Film läuft doch in der Zeit, in der das Raumbild steht, weiter. Der Zuschauer versäumt also einen Teil der Handlung.«
»Er versäumt nichts, wenn die Video-Anlage neben dem Empfänger und dem Hologramm-Rechner auch noch ein Magnetbandgerät enthält, mit dem die im Empfänger ankommenden Hologramm- und Tonsignale gespeichert werden. Solange das Programm nicht unterbrochen wird, verarbeitet der Computer die vom Empfänger direkt in ihn gelangenden Signale. Wird der Anhalteknopf gedrückt und nach einer Weile wieder gelöst, dann sorgt eine automatische Umschaltung dafür, daß dem Rechner statt der ständig weiter ankommenden Empfangssignale die auf dem Magnetband gespeicherten Signale zugeführt werden. Er übernimmt das Programm an der gleichen Stelle, an der es unterbrochen wurde.«
»Wie ist das möglich? Das Magnetband muß doch, um das in der Anhaltezeit empfangene Programm zu speichern, weiterlaufen; und beim Weiterlaufen spult es sich auf. Gleichzeitig aber sollen die gespeicherten Informationen in den Rechner gelangen. Dazu müssen sie abgetastet werden; das heißt, das Band muß an einem Wieder-

gabekopf vorbeilaufen. Wie kann das bei dem bereits aufgespulten und sich laufend weiter aufspulenden Band geschehen?«

»Man braucht natürlich zwei Bänder, die wechselweise zur Aufnahme und zur Wiedergabe verwendet werden. Zunächst nimmt das erste Band das ankommende Programm auf, ganz gleich, ob es von Anfang oder erst von dem Augenblick an aufgezeichnet wird, in dem man das Raumbild stehen läßt. Löst man den Anhalteknopf, dann übernimmt automatisch das zweite Band die Aufnahme, während das erste rasch zurückgespult wird, um nunmehr am Wiedergabekopf abgetastet werden zu können. Hält man das Programm ein zweites Mal an, dann läuft, wenn das gespeicherte Programm vom zweiten Band entnommen wird, die Aufnahme wieder auf dem ersten weiter. Das läßt sich beliebig oft fortsetzen, ohne daß eine spürbare Verzögerung eintritt, denn der Rücklauf dauert jeweils nur ein paar Sekunden.«

»Was sagen Sie zu der Roman-Idee eines Duplexschirms, der es gestattet, gleichzeitig zwei Programme wiederzugeben, die sich mehrere Personen im gleichen Raum ungestört anschauen können?«

»Ich glaube, daß der Duplexschirm, wie Sie ihn nennen, eines Tages sogar selbstverständlich sein wird. Es ist technisch ohne weiteres möglich, auf dem Schirm ein Hologramm aufzubauen, das, wenn man es aus der rechten Raumhälfte betrachtet, etwas anderes zeigt, als wenn man es aus der linken Raumhälfte anschaut. Der Computer der Video-Anlage steuert den Schirm mit einem Mischsignal an, das er aus den getrennt übertragenen Informationen der beiden Programme formt. Aus diesem Mischsignal ergeben sich zwei unterschiedliche Lichtverhältnisse: Für den Betrachter, der von rechts auf den Schirm sieht, entsteht ein ganz anderes Raumbild als für den Zuschauer, der links von der Mitte des Schirms sitzt. Beide können, ohne daß sich die Bilder gegenseitig stören, ein völlig verschiedenes Programm sehen.«

»Braucht man dazu einen Schirm, auf dem doppelt so viele Leitungsbahnen mit doppelt so vielen Kreuzungspunkten aufgedampft sind wie auf dem normalen Videoschirm?«

»Man braucht gar keinen anderen Schirm. Das Doppelhologramm läßt sich mit den vom Computer errechneten Mischsignalen so aufbauen, daß jeweils ein und derselbe Kreuzungspunkt in die beiden Halbräume zwei unterschiedliche Lichtwellenkonfigurationen abstrahlt.«

»Damit wird der Schirm auch nicht in zwei Hälften geteilt, in eine rechte für das eine und in eine linke für das andere Programm?«

»Nein, jeder Zuschauer hat das ganze Schirmformat vor sich. Er ist lediglich in seinem Betrachtungsraum beschränkt; er kann sich, wenn er nicht in das andere Programm hineinkommen will, nur bis zur Mitte des Schirms bewegen und er kann auch nicht ganz nah an den Schirm herantreten wie beim Einprogrammbetrieb, weil sich beim Duplexbetrieb die Lichtwellen der beiden Programme in einem bestimmten Bereich unmittelbar vor dem Schirm überlagern. Aber bei einem Schirmformat von mehreren Quadratmetern ist der Spielraum an möglichen Blickwinkeln immer noch groß genug; und man setzt sich, da man die Szenerie doch voll überblicken möchte, ohnehin nicht so dicht vor den Schirm.«

»Was sieht ein Zuschauer, der sich genau in die Mitte setzt, in der die beiden Betrachtungsräume aneinanderstoßen?«

»Das hängt davon ab, wie groß man den Winkel wählt, in dem man beim Duplexbetrieb die beiden Raumbilder vom Schirm abstrahlen läßt. Wählt man ihn so groß, daß sich der Lichtfluß des einen Hologramms fast mit dem des anderen berührt, dann sieht der Betrachter, der in einem bestimmten Abstand senkrecht auf den Schirm schaut, mit dem linken Auge das eine und mit dem rechten das andere Programm. In einem so steilen Winkel wird man aber die beiden Raumbilder nie abstrahlen, denn damit würde man den Zuschauer, der zufällig in die Mitte gerät, verrückt machen. Er müßte sich außerdem ziemlich weit vom Schirm wegsetzen, da das Überlagerungsfeld, in dem nichts zu sehen ist, um so weiter nach vorn rückt, je größer der Abstrahlwinkel ist.«

»Ist für den Duplexbetrieb auch keine zusätzliche Laserbeleuchtung notwendig?«

»Nein. Das ist ja das Elegante an diesem technischen Verfahren, daß man weder einen anderen Schirm noch eine zweite Laserlichtquelle braucht. Der Duplexbetrieb ist ausschließlich eine Sache des in der Video-Anlage eingebauten Computers. Den muß man natürlich austauschen oder entsprechend erweitern. Aber das ist kein beträchtlicher Aufwand. Die zusätzliche Elektronik wird kaum komplizierter und teurer sein als etwa die Elektronik, die heute in einer vollautomatischen Wasch- oder Spülmaschine steckt.«

»Kann der Duplexrechner, statt aus zwei getrennt übertragenen Hologramm-Informationen ein Doppelhologramm zu errechnen

kann er das Schriftbild auf dem Schirm bequem verfolgen. Er kann es auch zurückdrehen, um eine Textstelle noch einmal zu lesen.
Das Attraktive an der Videozeitung ist ihre ständige Aktualität. Jede neue Nachricht kommt innerhalb weniger Minuten ins Haus. Man wird sich kaum noch darüber unterhalten, was am Morgen passierte, sondern was vor einer Stunde oder soeben gemeldet wurde. Man könnte beinahe sagen, Aktualität ist dann nicht mehr die Gegenwart des Tages, sondern die Gegenwart des Augenblicks.«

»Finden Sie es eine sehr glückliche Einrichtung, wenn die Informationen und Kommentare nur noch von einer gemeinsam unterhaltenen Zentrale kommen? Alles, was auf der Welt geschieht, geht dann durch den Meinungsfilter einiger weniger leitender Redakteure. Eine objektive, vor allem eine objektive politische Berichterstattung ist gar nicht mehr möglich. Noch schlimmer wäre es, wenn diese Presse- und Informationszentrale eine staatliche Einrichtung wäre. In der Videozeitung würde dann nur das stehen, was der jeweiligen Regierung angenehm ist.«

»Die Presse- und Informationszentrale darf natürlich nur eine technische Zentrale sein. Die Verlage können nach wie vor ihre eigenen Zeitungen herausbringen, denn über die Presseleitung laufen selbstverständlich mehrere Kanäle, unter denen man jederzeit auswählen kann. Mit dem Anschluß an die Presseleitung hat man gleichzeitig fünf oder sechs Zeitungen abonniert. So wie man am Fernsehapparat auf mehrere Programme umschalten kann, so kann man auf der Presseleitung verschiedene Videozeitungen ansteuern.«

»Wird denn bei der Videozeitung auch das räumliche Sehen ausgenützt, oder erscheint sie nur zweidimensional?«

»Die Videozeitungen werden vermutlich noch viel reicher bebildert sein als die Zeitungen von heute. Und es sind dann immer Raumbilder, die hinter dem Schirm entstehen. Vielleicht blendet man auch kurze Hologramm-Filme ein und zeigt wichtige Ereignisse in ihrem Bewegungsablauf. Damit würde die Videozeitung ein Mittelding zwischen einer gedruckten Zeitung und einem aktuellen Fernsehbericht. Im übrigen läßt sich die dreidimensionale Abbildung auch auf die Schrift anwenden: Man kann Schlagzeilen noch besser hervorheben, wenn man sie in einer eindrucksvollen Raumschrift auf den Schirm bringt. Die Videozeitungsmacher und besonders die Werbeleute werden sich gewiß alles Erdenkliche einfallen lassen, um die Möglichkeiten des Videophons voll auszuschöpfen.

Auch andere werden sich überlegen, was aus dem Videophon an optischen Effekten und Raumwirkungen herauszuholen ist. Es wird bestimmt bald einer auf die Idee kommen, die große Fläche des in die Wand eingelassenen Videoschirms auch dann auszunützen, wenn man nicht telephoniert oder sich einen Hologramm-Film anschaut. Man kann in dieser Zeit zum Beispiel Gemälde oder Plastiken auf den Schirm zaubern, die sich beliebig auswechseln lassen. Möglicherweise entsteht dafür ein eigener Industriezweig, der mit einem reichen Angebot an Kunst-Hologrammen aufwartet. So wie man sich heute Diapositive von Kunstwerken des Louvre, des Prado oder der Uffizien kaufen kann, so wird man vielleicht Hologramme von klassischen und modernen Gemälden oder Skulpturen kaufen können, die man nur irgendwo in der Video-Anlage einzustecken braucht, um das gewünschte Bild oder die gewünschte Plastik im Raum zu haben. Durch einen einfachen Handgriff läßt sich der künstlerische Schmuck je nach Stimmung und Laune verändern; und man kann, wenn man erst zum Sammler geworden ist, in seiner Wohnung nach und nach eine ganze Galerie einrichten.
Oder etwas anderes: Durch ein kleines Schaltelement, das man in den Rechner der Video-Anlage einschiebt, entstehen in dem imaginären Raum hinter dem Schirm abstrakte Gebilde, die sich bewegen und, einem Zufallsspiel gehorchend, ihre Gestalt ändern wie Wolken, die langsam über den Himmel ziehen oder wie Wasserwellen, die mit wechselnden Reflexen über einen See gleiten. Auch an solchen Schaltelementen wird die Industrie Vielfältiges bieten und mit diesen Mobiles der Zukunft die psychedelischen Effekte, die man heute nur mit unerlaubten Drogen genießen kann, nachwirkungsfrei ins Haus liefern.«
»Sie haben bei der Aufzählung und Beschreibung der vielfältigen holographischen Möglichkeiten nie ausdrücklich davon gesprochen, daß die Raumbilder, die hinter dem Videoschirm entstehen, farbig erscheinen. Haben Sie das als selbstverständlich vorausgesetzt? Der lebendige und frappierend realistische Eindruck, den ein Hologramm-Film vermittelt oder den man gewinnt, wenn man den Partner, mit dem man telephoniert, unmittelbar gegenüber hat, die plastische Wiedergabe von Kunstwerken und die vom Videorechner erzeugten abstrakten Stimmungsgebilde, alle diese Täuschungen sind doch nur dann vollkommen, wenn sie sich in den natürlichen Farben präsentieren.

Bevor Sie das Verfahren der Holographie beschrieben, erwähnten Sie nebenbei, daß man bereits heute Farbhologramme herstellen kann. Wie macht man das? Und wie schafft man es, die Farben auf den Videoschirm zu bringen?«

»Es sind zwei Verfahren möglich. Das eine ist dem des Farbfernsehens ähnlich: Bei der Farbfernsehaufnahme wird das von einem Gegenstand oder einer Person reflektierte natürliche Mischlicht in der Kamera mit einem verspiegelten Prisma in die drei Farben Rot, Grün und Blau zerlegt. Dadurch entstehen drei Bilder: ein rotes, ein grünes und ein blaues. Diese drei Bilder werden in der Kamera getrennt elektronisch abgetastet und bei der Wiedergabe auf dem Farbfernsehschirm so zusammengefügt, daß sich durch die Mischung der vom Schirm abgestrahlten Lichtfarben ein den natürlichen Farben entsprechendes Bild ergibt. Man braucht auch zur Aufnahme eines Farbhologramms ein dreifarbiges Licht; und zwar erzeugt man es, indem man statt eines Lasers drei in einem System vereinte Laser verwendet, die rotes, grünes und blaues Licht aussenden. So wie in der elektronischen Farbfernsehkamera drei einfarbige Bilder entstehen, so entstehen in der Holokamera drei einfarbige Hologramme. Der Film, auf dem sie nebeneinander aufgezeichnet werden, ist dreimal so breit wie der für Schwarzweiß-Hologramme verwendete Film.

Die Übertragung des Farbhologramm-Films läßt sich ebenfalls am Beispiel des Farbfernsehens beschreiben: In ähnlicher Weise, wie die Informationen der drei elektronisch abgetasteten Fernseh-Farbbilder so ineinandergeschachtelt werden müssen, daß sie auf den für das Schwarzweiß-Fernsehen installierten Leitungen und Funkstrecken übertragen werden können, in ähnlicher Weise müssen auch die Informationen der drei Farbhologramme so ineinandergefügt werden, daß man sie zum Empfänger bringen kann. Das Ineinanderfügen der Farbinformationen besorgt bei der Hologramm-Übertragung der gleiche, nur entsprechend erweiterte Computer, der in jedem Fall notwendig ist, um die übergroße Informationsmenge zur Übertragung zu reduzieren. Davon war ja schon die Rede.«

»Sie sagen, man braucht zur holographischen Farbaufzeichnung einen dreifach breiten Film, also einen Film, der dreimal so breit ist wie ein normaler Kleinbildfilm. Ist das nicht ein enormer Aufwand?«

»Natürlich ist der Aufwand größer. Auch das Farbfernsehen erfor-

dert einen größeren Aufwand als das Schwarzweiß-Fernsehen. Denken Sie allein an die elektronische Farbfernsehkamera: in ihr sind eigentlich drei Schwarzweiß-Kameras vereinigt.
Der breite Film ist nichts Außergewöhnliches: Für das Breitwandkino werden schon längst Filme mit einer Breite von siebzig Millimetern verwendet. So breit muß ein Farbhologramm-Film gar nicht sein, denn die Auflösung eines Filmhologramms ist mindestens hundertmal, vielleicht sogar fast tausendmal größer als die eines sehr scharfen Filmbildes. Für ein Schwarzweiß-Hologramm genügt daher ein sehr kleines Format. Auch wenn man es für die Aufzeichnung der Farbhologramme verdreifacht, muß es nicht breiter werden als das normale Kleinbildformat.«
»Sie sprachen von zwei möglichen Verfahren der Farbholographie. Welches ist das andere?«
»Es ist ein Verfahren, bei dem man die drei Hologramme für Rot, Grün und Blau nicht auf einer Photoschichtebene nebeneinander, sondern in einer entsprechend dicken Photoschicht hinter- oder besser ineinander festhält.«
»Wie ist das möglich? Wie können drei Hologramme auf einem Film so ineinandergefügt werden, daß sich die Lichtwellen, die bei der Wiedergabe ein eindeutiges Raumbild entwerfen sollen, nicht bis zum Unerkennbaren überlagern?«
»Sie erinnern sich, daß das Interferenzmuster, das auf einem Hologramm festgehalten wird, durch das Zusammentreffen des vom Aufnahmeobjekt reflektierten Lichts und des direkt vom Laser kommenden Lichts zustande kommt. Wie das Interferenzmuster beschaffen ist, hängt aber nicht allein von der Konfiguration der reflektierten Wellen ab, sondern auch davon, unter welchem Winkel die aus dem Laser austretenden Bezugswellen auf die Objektwellen treffen. Wird der Winkel verändert, dann ändert sich auch das Interferenzmuster.
Wenn die Photo-Emulsion auf dem Film sehr dünn aufgetragen ist, wird das Interferenzmuster nur in einer Ebene aufgezeichnet; das heißt, es entsteht ein Flächenhologramm. Ist die Photoschicht dagegen viele Lichtwellenlängen dick, dann erstreckt sich das Interferenzmuster auch in die Tiefe; seine Struktur ist nicht mehr zwei-, sondern dreidimensional. Man spricht bei diesem Hologramm von einem Volumenhologramm.
Das mag zunächst etwas verwirren, aber man kann es sich leicht

vorstellen, wenn man daran denkt, daß der Bereich, in dem sich die Objektwellen und die Bezugswellen überlagern, verhältnismäßig groß und keineswegs auf eine Ebene beschränkt ist. Die Überlagerung von Lichtwellen breitet sich genauso räumlich aus wie Lichtwellen, die nicht durch andere beeinflußt werden. Deshalb ist man mit dem Film, auf dem man die Überlagerung aufzeichnen möchte, nicht an einen bestimmten Ort gebunden; man hat bei der Aufnahme einen gewissen Spielraum. Innerhalb dieses Spielraums kann man nun die räumliche Verteilung des Interferenzmusters entweder auf mehreren hintereinandergesetzten Filmen mit dünnen Photoschichten oder auf einem Film mit einer dicken Schicht festhalten. Statt mehrerer Flächenhologramme nimmt man eben ein Volumenhologramm auf.

Da, wie gesagt, das Interferenzmuster in seiner Beschaffenheit von dem Einfallswinkel des Bezugsstrahls abhängt, lassen sich, wenn man den Einfallswinkel bei jeder Belichtung ändert, auf dem gleichen Film die Interferenzmuster von mehreren verschiedenen Gegenständen aufzeichnen, ohne daß sie sich gegenseitig stören.

Bei der Wiedergabe muß man das entwickelte Volumenhologramm ebenfalls aus verschiedenen Richtungen beleuchten, um jeweils den Gegenstand erscheinen zu lassen, der unter einem bestimmten Beleuchtungswinkel aufgenommen wurde.«

»Warum kann man nicht auch auf einem Flächenhologramm mehrere Interferenzmuster aufzeichnen?«

»Es lassen sich auch auf einem Flächenhologramm mehrere verschiedene Interferenzmuster festhalten, aber es ergeben sich Schwierigkeiten bei der Wiedergabe. Beleuchtet man, um einen der aufgenommenen Gegenstände räumlich abzubilden, das Hologramm aus der Richtung, aus der der Gegenstand bei der Aufnahme beleuchtet wurde, dann entsteht zwar ein deutliches Abbild dieses Gegenstandes, aber es wird dadurch gestört, daß die anderen Gegenstände, wenn auch verzerrt, mit erscheinen.«

»Warum erscheinen sie mit? Und warum erscheinen sie nur auf dem Flächenhologramm mit?«

»Sie erscheinen mit, weil jedes Licht, auch das nicht in der richtigen Richtung einfallende, durch ein Interferenzmuster gebeugt wird; so wie Wasserwellen, ganz gleich aus welcher Richtung sie kommen, an einem Stab oder an einem Spalt gebeugt werden. Genausowenig wie man erreichen kann, daß nur die in einer bestimmten Richtung

Noch schwieriger als die Nachbildung der dicken Photoschicht mit vielen Schirmschichten wäre ihre Ansteuerung durch den Computer. Er müßte einige tausendmal so viele Kreuzungspunkte ansteuern wie auf dem einfachen Videoschirm. Man brachte also neben dem komplizierten und aufwendigen Schirm auch einen riesigen und entsprechend kostspieligen Rechner.

Aber das ist alles gar nicht notwendig, um ein Farbhologramm auf dem Videoschirm wiedergeben zu können. Man wird sich ein Verfahren einfallen lassen, das dem Wiedergabeverfahren des Farbfernsehens sehr ähnlich ist.

Sie wissen, daß das Farbbild auf dem Fernsehschirm nicht wie das Schwarzweiß-Bild durch einen Zeilenraster, sondern durch einen Punktraster entsteht. Statt der homogenen Lumineszenzschicht, auf der in der Schwarzweiß-Fernsehröhre der Elektronenstrahl die Bildzeilen schreibt, sind bei der Farbfernsehröhre auf der Innenfläche der als Schirm bezeichneten Kalotte etwa eine Million Punkte aufgebracht, die aus drei verschiedenen Leuchtsubstanzen bestehen. Die eine Substanz läßt beim Auftreffen des ihr zugeordneten Elektronenstrahls rotes, die zweite grünes und die dritte blaues Licht entstehen. In welcher Intensität die Lichtfarbe entsteht, hängt von der Intensität des für sie zuständigen Elektronenstrahls ab. Die Farbnuancen ergeben sich aus der Mischung der drei Lichtfarben.

Wenn man ein Farbbild auf dem Fernsehschirm durch die Lupe betrachtet, kann man die kleinen Lumineszenzpunkte deutlich erkennen. Man kann auch ihre regelmäßige und gleichförmige Anordnung feststellen: Neben einem roten Lumineszenzpunkt liegt jeweils ein grüner und ein blauer; es liegen nie zwei gleichfarbige Punkte nebeneinander. Man hat also eine völlig gleichmäßige Verteilung.

Um zu vermeiden, daß der für rotes Licht zuständige Elektronenstrahl auf einen grünen oder blauen Leuchtpunkt trifft, ist in geringem Abstand von der Schirm-Innenfläche eine Maske mit vielen winzigen Löchern angebracht, die den drei die Farbinformationen für Rot, Grün und Blau enthaltenden Elektronenstrahlen den richtigen Weg weisen. Das können sie deshalb tun, weil die drei Elektronenstrahlen magnetisch so abgelenkt werden, daß sie unter verschiedenen Einfallswinkeln auf die Lochmaske treffen.

Das läßt sich sehr anschaulich demonstrieren, indem man in einen Karton ein kreisrundes Loch schneidet, durch das man drei Farbstifte, einen roten, einen grünen und einen blauen steckt, und zwar so, daß jeder Farbstift in einer anderen Richtung durch das Loch geführt wird. Man kann die Einsteckwinkel ohne weiteres so wählen, daß die Spitzen der Farbstifte auf einem Papier drei vorgezeichnete Punkte treffen. Die Punkte auf dem Papier, die man sich wie die Spitzen eines gleichseitigen Dreiecks angeordnet vorstellen muß, entsprechen den Lumineszenzpunkten auf dem Farbfernsehschirm, das Loch in dem Karton stellt eines der Löcher in der Maske dar, und die Farbstifte veranschaulichen die drei Elektronenstrahlen. Da die Maske, deren Löcher jeweils drei Leuchtpunkten zugeordnet sind, in der Farbfernsehröhre auf tausendstel Millimeter genau eingepaßt ist, können die Elektronenstrahlen keine anderen als die ihnen zugehörigen Leuchtpunkte treffen. Dadurch wird eine einwandfreie Farbwiedergabe erreicht.

Ich habe das Wiedergabeverfahren des Farbfernsehens so ausführlich beschrieben, weil sich das Prinzip dieses Verfahrens auch bei der Wiedergabe von Farbhologrammen anwenden läßt. Es ist technisch nicht sehr schwierig, die Lumineszenzpunkte des Fernsehschirms auf dem Videoschirm nachzubilden, indem man jeweils einige Tausend Kreuzungspunkte zusammenfaßt und auf diese Weise einen Raster erzeugt, in dem die Punktgruppen für Rot, Grün und Blau genauso gleichmäßig verteilt sind wie die Leuchtpunkte auf dem Fernsehschirm. Der Computer, der den Videoschirm mit den aus den Informationen des dreifarbigen Hologramms errechneten Signalen ansteuert, muß dann lediglich so programmiert werden, daß den in Gruppen zusammengefaßten Kreuzungspunkten die farbgerechten Signale zugeführt werden. Das ist kein Problem. Von dem Computer wird eben eine andere Form des Hologrammaufbaus verlangt. Natürlich muß er zunächst die für die Übertragung ineinandergeschachtelten Farbinformationen trennen, aber das geschieht ja auch in jedem Farbfernsehgerät.«

»Die den Kreuzungspunktgruppen zugeführten Signale sollen doch bewirken, daß an diesen Stellen das Laserlicht, mit dem der Videoschirm beleuchtet wird, die farbrichtigen Wiedergabewellen erzeugt. Da man, um ein farbiges Raumbild entstehen zu lassen, den Schirm mit dreifarbigem Laserlicht beleuchten muß, treffen auf sämtliche Punktgruppen alle drei Lichtfarben auf. Das in dem Gruppenraster aufgebaute Hologramm wird also an allen Stellen das dreifarbige Laserlicht beugen und damit ein farblich völlig indifferentes Raumbild entstehen lassen. Auf dem Schirm wird ja kein Volumenholo-

»Ganz recht. In der Fachsprache bezeichnet man eine Informationseinheit als ein Bit. Das Wort ist eine Abkürzung für binary digit, zu deutsch für binäre Einheit.«

»In welcher Form sind diese Informationseinheiten oder Bits auf dem Hologramm gespeichert? Bisher war immer nur davon die Rede, daß auf einem Hologramm die Interferenzmuster eines gegenständlichen Raumbildes festgehalten sind.«

»Der Gegenstand eines Speicherhologramms hat eine sehr abstrakte Gestalt: nämlich die eines völlig regelmäßigen Rasters, in dem es helle und dunkle Punkte gibt. Die hellen Punkte entsprechen der Eins, dem Ja, die dunklen der Null, dem Nein. Wird das Hologramm mit Laserlicht beleuchtet, dann erscheint dieser abstrakte Rastergegenstand genauso wie bei der Aufnahme. Man kann also herauslesen, an welchen Stellen sich welche Informationseinheiten befinden. Der Effekt ist der gleiche wie bei der magnetischen Speicherung, nur lassen sich auf der Hologrammfläche ungleich viel mehr Bits unterbringen als auf einer gleich großen Magnetfläche.«

»Warum kann man einen solchen Raster mit hellen und dunklen Punkten nicht auch auf einem normalen Diapositiv festhalten? Warum braucht man dazu ein Hologramm?«

»Aus zwei Gründen: Einmal ist die optische Auflösung eines mit einer normalen Kamera aufgenommenen Diapositivs wegen der Linsenfehler viel zu gering, um auch nur annähernd so viele Bits wie auf einem Hologramm aufzeichnen zu können; und zum anderen – das ist noch wichtiger – ist ein Diapositiv sehr empfindlich gegen Störungen, denn ein winziges Staubkorn, ein kleiner Kratzer oder ein geringer Emulsionsfehler auf dem Film verfälschen jeweils eine ganze Anzahl von Informationseinheiten, da jede von ihnen in einem Pünktchen von wenigen Tausendstelmillimetern Durchmesser festgehalten ist. Ein nur zehntelmillimetergroßes Staubkorn würde mehr als tausend Informationseinheiten verfälschen, denn man könnte nicht feststellen, welche Werte die als helle und dunkle Punkte festgehaltenen Bits unter dem Staubkorn haben. Man würde für alle den Wert Null ablesen, da das Staubkorn als dunkle Stelle wirkt. Ein Kratzer auf dem Film würde dagegen lauter Einsen vortäuschen. Damit wäre jede Rechenoperation sinnlos.«

»Warum stört ein Staubkorn oder ein Kratzer auf dem Hologramm nicht?«

»Weil, wie Sie sich erinnern, auf dem Hologramm jeder Gegen-

 Das Schema zeigt die Flächenrasterung eines Farbhologramms, das zur Wiedergabe mit dreifarbigem Laserlicht beleuchtet wird. (Seite 93 ff.)

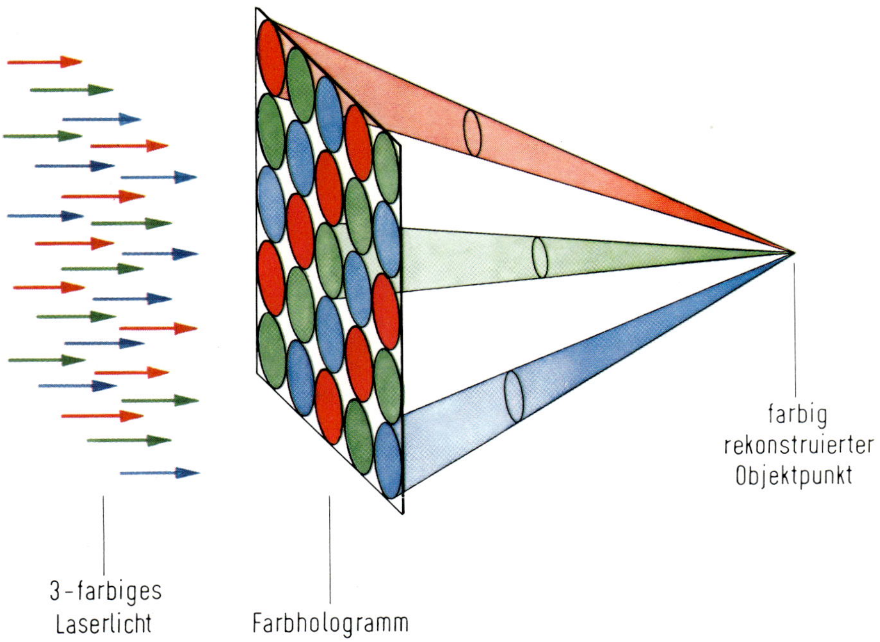

farbig
rekonstruierter
Objektpunkt
3-farbiges
Laserlicht
Farbhologramm

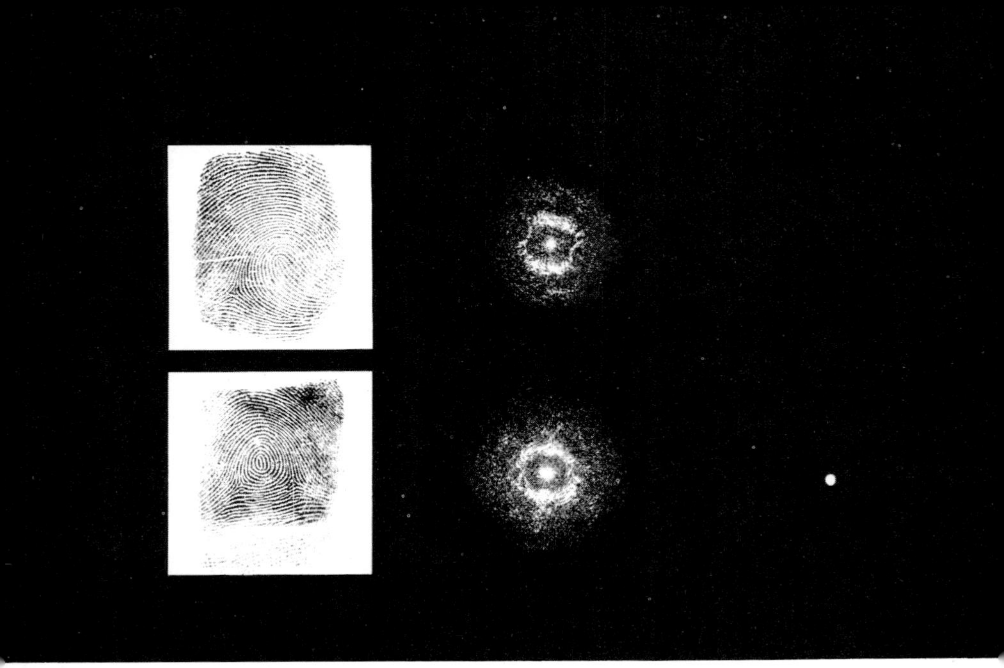

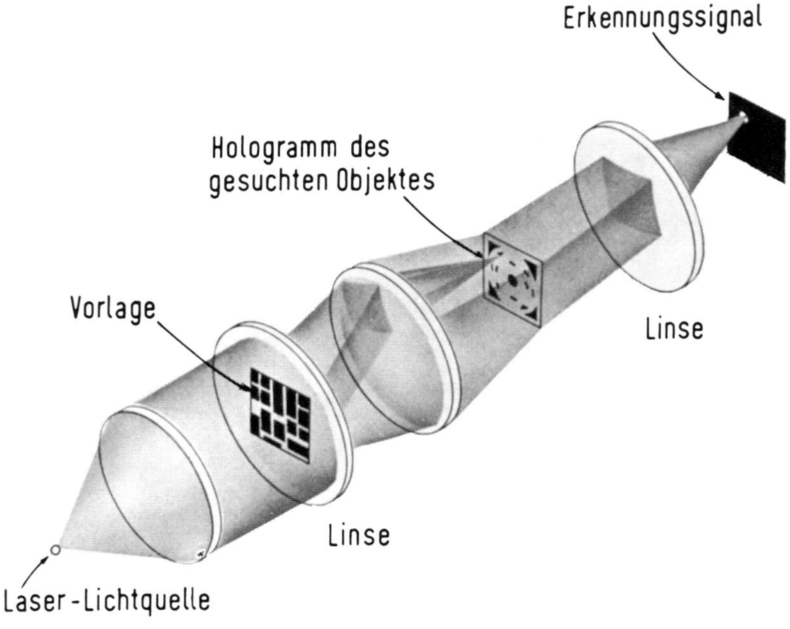

Erkennungssignal
Hologramm des gesuchten Objektes
Vorlage
Linse
Linse
Laser-Lichtquelle

standspunkt und daher auch jedes Bit vielfach aufgezeichnet ist; sein Interferenzmuster ist jeweils auf die ganze Hologrammfläche verteilt. Auch wenn an einer kleinen Stelle die Bits verfälscht sind, auf dem gesamten Hologramm sind sie richtig abzulesen.«

»Und wie können sie abgelesen werden? Sie sagten doch, daß von den rund zehn Milliarden Bits, die auf einem Hologramm gespeichert sind, immer nur einige wenige benötigt werden. Wie kann man diese wenigen herauslesen?«

»Wenn man das Hologramm bei der Wiedergabe mit Laserlicht beleuchtet, erscheinen grundsätzlich alle Bits, denn man kann den Laserstrahl nicht dazu bringen, nur die benötigten erscheinen zu lassen. Welches Bit welche Information enthält, erfährt man, indem man dem Speicherraster ein ebenfalls rasterförmiges System von Photodetektoren zuordnet, wobei jeweils ein Detektor auf ein Bit anspricht. Da man von der Aufnahme her genau weiß, an welchen Stellen die fraglichen Informationseinheiten erscheinen, kann man mit dem Abfragen stets diejenigen Photodetektoren beauftragen, die diesen Informationseinheiten zugeordnet sind. Auf diese Weise wird nur das herausgelesen, was man braucht.«

»Man kann sich zwar vorstellen, daß es die hohe optische Auflösung eines Hologramms zuläßt, zehn Milliarden Bits zu speichern. Aber man kann sich kaum denken, wie man ebensoviele Photodetektoren neben- und untereinander anbringen könnte.«

»Das wäre technisch natürlich völlig ausgeschlossen, doch es wäre auch völlig unsinnig. Es gibt einen viel eleganteren Weg: Statt zehn Milliarden Bits auf einem quadratdezimetergroßen Hologramm aufzuzeichnen, speichert man immer nur eine Million Bits auf ganz kleinen Hologrammen, die man zu einem Mosaik zusammenfügt. Diese Teilhologramme können so klein sein, daß man auf einem Quadratdezimeter zehntausend von ihnen unterbringt. Damit hat man auf der gleichen Fläche die gleiche Anzahl von Bits, nämlich zehn Milliarden.«

»Worin besteht der Unterschied, ob man die zehn Milliarden Bits auf einer Fläche oder auf zehntausend Teilflächen unterbringt? Ist der Effekt nicht der gleiche?«

»Keineswegs: Im einen Fall sind die Interferenzmuster für jeden Rasterpunkt über die ganze Hologrammfläche verteilt; das heißt, jedes Bit ist an jeder Stelle gespeichert. Im anderen Fall dagegen verteilt sich das Interferenzmuster eines Bits nur auf die Fläche des

Ein optischer Computer soll unter vielen Fingerabdrücken einen gesuchten erkennen. Nur wenn das dem gesuchten Fingerabdruck zugeordnete Hologramm erscheint, leuchtet als Erkennungssignal ein heller Punkt auf. (Seite 110 ff.)

kleinen Teilhologramms. Man kann also, ohne daß die Bits der anderen Teilhologramme stören, jedes einzelne Teilhologramm für sich abtasten. Das bedeutet, daß man statt zehn Milliarden nur eine Million Photodetektoren braucht. Und so viele lassen sich, da sie aus winzigen Halbleiterelementen bestehen, ohne weiteres anbringen.«

»Wenn auf einem Quadratdezimeter zehntausend Teilhologramme untergebracht sind, dann ist ein Teilhologramm nur einen Quadratmillimeter groß. Werden die Bits auf dieser winzigen Fläche nicht doch durch ein Staubkorn, durch einen Kratzer oder durch einen Emulsionsfehler so verfälscht, daß man mit dem Hologramm nicht mehr richtig rechnen kann?«

»Man wird natürlich bei der Aufnahme und Entwicklung eines Speicherhologramms so sorgfältig vorgehen, daß keine groben Materialfehler auftreten. Man wird auch jedes Hologramm genau überprüfen und dabei die groberen Fehler sofort erkennen. Kleine Fehler stören nicht, weil selbst auf dem nur quadratmillimetergroßen Teilhologramm jedes Bit genügend oft abgebildet ist.«

»Und wie kann man es einrichten, daß jeweils nur ein bestimmtes Teil- oder Unterhologramm abgefragt wird?«

»Das geschieht mit einem elektronisch steuerbaren Lichtablenker, der sich zwischen dem Laser und der Hologrammplatte befindet. Dieser Ablenker ist in der Lage, den Laserstrahl wahlweise auf eines der zehntausend Unterhologramme zu richten.«

»Wodurch wird denn der Laserstrahl abgelenkt?«

»Durch variable Ultraschallfelder. Wenn man einen Lichtstrahl durch ein Material treten läßt, das mit Ultraschall erregt ist, dann erfährt er in diesem Material eine Ablenkung, deren Winkel von der Schwingungszahl der Ultraschallwellen abhängt. Dadurch, daß man die Frequenz des Ultraschallsenders entsprechend ändert, läßt sich der Lichtstrahl auf einfache Weise in die jeweils gewünschte Richtung bringen. Die Ablenkung erfolgt sehr rasch, da die Frequenzänderung elektronisch gesteuert wird. Es dauert nicht einmal eine Millionstel Sekunde, wenn man mit dem Laserstrahl von einem Unterhologramm auf ein anderes übergeht.

Die von den zugehörigen Photodetektoren registrierten Informationseinheiten oder Bits gelangen dann direkt in das Rechenwerk des Computers. Auch das geschieht in fast unvorstellbar kurzer Zeit.«

»Beim Magnetspeicher ist es doch so, daß sich die auf dem Band, auf

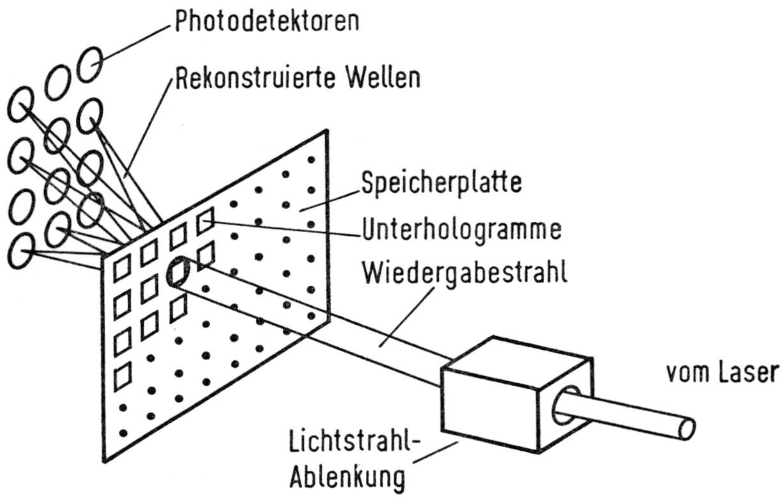

Abb. 15: Schema der Laserlichtablenkung bei der Wiedergabe von Unterhologrammen.

der Trommel oder in der Ringkernmatrix gespeicherten Bits beliebig auswechseln lassen. Fällt diese Möglichkeit beim Hologrammspeicher weg?«

»Wenn man die Hologramme in einer normalen Photoschicht aufzeichnet, ja. Man spricht dann von einem Festwertspeicher. Solche Festwertspeicher sind natürlich nur dann verwendbar, wenn sich die Informationseinheiten längere Zeit nicht ändern. Das kommt sehr oft vor: Denken Sie an große Karteien, an die Adressen- und Nummernspeicher, die man künftig in den Telephonämtern haben wird, oder an bestimmte Rechenprogramme, die sich häufig wiederholen.

Um einen Universalspeicher, in dem die Informationen beliebig auswechselbar sein müssen, mit Hologrammen ausrüsten zu können, braucht man allerdings ein neuartiges Aufzeichnungsmaterial, das es gestattet, die Informationen immer wieder zu löschen und neu einzuschreiben.«

»An welches Material denken Sie dabei?«

»Ein technisch brauchbares Material ist bis jetzt noch nicht entwikkelt. Man weiß aber, daß sich dünne magnetische Schichten oder flüssige Kristalle dazu eignen würden. Es ist nur eine Frage der Zeit, bis man sie technisch beherrscht.«

»Nützt man eigentlich in einem Hologrammspeicher auch die Räumlichkeit aus?«

»Man kann und wird sie natürlich ausnützen, denn in einem Volumenhologramm lassen sich noch sehr viel mehr Bits speichern als in einem Flächenhologramm, obwohl die Speicherkapazität eines Flächenhologramms so groß ist, daß sie in den meisten Fällen und auch für sehr umfangreiche Rechenanlagen genügt.«

»Ich meinte mit der Räumlichkeit etwas anderes, nämlich die Möglichkeit, Raumbilder zu speichern. Sie ahnen vielleicht, worauf ich hinauswill.«

»Sie denken vermutlich an den Erkennungscomputer in Ihrem Roman. In dem Speicher eines solchen Computers müssen selbstverständlich dreidimensionale Gegenstände festgehalten werden können. Das ist auch ohne weiteres möglich. So ein Speicher unterscheidet sich allerdings sehr wesentlich von einem normalen Hologrammspeicher, denn er muß statt der abstrakten Gegenstände konkrete Gestalten speichern. Der Computer soll ja konkrete Gestalten erkennen oder besser, wiedererkennen, und dazu müssen diese konkreten Gestalten in dem Speicher festgehalten sein.

Das gilt nicht nur für das Erkennen von Personen, es gilt zum Beispiel auch für das Erkennen von Fingerabdrücken, von Briefmarken, Geldscheinen oder Unterschriften.«

»Gibt es schon Computer, die Fingerabdrücke unterscheiden oder Geld- und Unterschriftfälschungen entdecken können?«

»Die gibt es. Es werden bereits seit einer Weile Computer verwendet, die maschinengeschriebene Postleitzahlen lesen können. Das sind sogar ganz normale Computer, die nicht mit einem Hologrammspeicher ausgerüstet sind. Es gibt aber auch Rechner, die kompliziertere Gestalten erkennen können.«

»Wie funktionieren diese Rechner?«

»Um das zu erklären, muß ich kurz das Erkennungsproblem umreißen. Was heißt denn ›erkennen‹? Es heißt sicher nicht, daß man eine Gestalt mit einer anderen Punkt für Punkt vergleicht und auf diese Weise ihre Identität feststellt. Es heißt vielmehr, daß man bestimmte charakteristische Gestaltmerkmale als Maß verwendet, um unter vielen Gestalten die richtige ausfindig machen zu können.

Man muß also einen Computer dazu bringen, daß er zunächst einmal diese Gestaltmerkmale festlegt. Wie man das macht, schildere ich Ihnen am besten am Beispiel der Fingerabdruckerkennung: Man nimmt von einer Person einen Fingerabdruck ab und stellt davon ein Hologramm her, auf dem die Interferenzmuster in einer ganz bestimmten Weise transformiert sind. Diese Transformation ist notwendig, um das Hologramm für die Erkennung verwenden zu können. Warum, werden Sie gleich erfahren.

Ich darf Sie, damit Sie den Vorgang verstehen, vorerst noch einmal daran erinnern, daß das Interferenzmuster auf dem Hologramm aus zwei Laserwellen gebildet wird: aus den von dem abzubildenden Gegenstand kommenden Wellen und aus den direkt aus dem Laser austretenden einförmigen Bezugswellen. Bei der Wiedergabe erzeugt, wie Sie wissen, die gleiche Bezugswelle, die bei der Aufnahme verwendet wurde, die Wellenkonfiguration, die den Gegenstand erscheinen läßt. Richtet man nun umgekehrt statt der Bezugswelle die Gegenstandswelle auf das Hologramm, dann entsteht zwangsläufig die Bezugswelle. Sie entsteht natürlich nur dann unverfälscht und in absoluter Einförmigkeit, wenn die Gegenstandswelle, die man auf das Hologramm treffen läßt, genau der Wellenkonfiguration entspricht, die bei der Aufnahme von dem Gegenstand ausging.

Das erscheint vielleicht etwas verwirrend, aber Sie brauchen sich nur vorzustellen, daß man bei diesem Verfahren den holographischen Wiedergabevorgang lediglich umkehrt. Um es noch einmal zu sagen: Statt mit dem Bezugsstrahl die Gegenstandswelle zu erzeugen, erzeugt man mit der Gegenstandswelle den Bezugsstrahl.

Jetzt ist es leicht zu begreifen, wie der Computer einen Fingerabdruck erkennt: Man beleuchtet den zu prüfenden Abdruck mit Laserlicht und läßt die von ihm ausgehenden und für ihn charakteristischen Wellen auf das Hologramm fallen, auf dem der gesuchte Fingerabdruck festgehalten ist. Sind die beiden Fingerabdrücke identisch, dann entsteht in unverfälschter Form die Bezugswelle; aus dem Hologramm tritt ein scharfgebündelter Strahl aus, der sich auf einem Schirm als kleiner heller Fleck abzeichnet. Bei jedem anderen Fingerabdruck überlagern sich die Wellen so, daß kein gleichförmiger Bezugsstrahl entsteht. Auf dem Schirm ist daher nichts zu sehen. Der helle, scharf umrandete Fleck auf dem Schirm ist also ein untrügliches Zeichen dafür, daß man den richtigen Fingerabdruck gefunden hat. Der Computer braucht lediglich den hellen Fleck zu registrieren, um anzeigen zu können, wann unter vielen zur Prüfung vorliegenden Fingerabdrücken der gesuchte erscheint.«

»Was geschieht, wenn zwei von verschiedenen Personen stammende Fingerabdrücke sehr ähnlich sind?«

»Dann entsteht auf dem Schirm zwar auch ein Lichtfleck, aber in seiner Helligkeit und in seiner Umrandung unterscheidet er sich deutlich von dem Fleck, der völlige Identität anzeigt.«

»Aber es sind doch nie zwei Fingerabdrücke genau gleich, auch wenn sie von derselben Person stammen. Keiner drückt seinen Daumen zwei- oder mehrmal in der gleichen Weise auf die Abdruckfläche.«

»Deshalb wird eben das Interferenzmuster auf dem Hologramm so transformiert, daß der Computer trotz dieser zufälligen kleinen Abweichungen den richtigen Fingerabdruck erkennen kann. Die Transformation ermöglicht die eindeutige Zuordnung der charakteristischen Merkmale.

Die Fingerabdruckerkennung war nur ein Beispiel. Dieses Verfahren läßt sich natürlich auch beim Identifizieren von Briefmarken, Geldscheinen und Unterschriften anwenden.«

»Wie aber kann ein Computer Personen erkennen?«

»Das ist sehr viel schwieriger, denn die Hologramme, die man von einer Person zu verschiedenen Zeiten und in verschiedenen Situationen aufnimmt, unterscheiden sich erheblich mehr voneinander als die Hologramme von Fingerabdrücken oder Unterschriften. Da genügt nicht mehr eine verhältnismäßig einfache Transformation, um den Computer die wesentlichen Merkmale feststellen und vergleichen zu lassen. Er muß eine ähnliche, aber viel kompliziertere Aufgabe lösen als jene, die bereits im Zusammenhang mit der Übertragung von Hologramm-Filmen erwähnt wurde. Ich meine das Eliminieren von überflüssigen Informationen. Mit einem einzigen, wenn auch transformierten Hologramm kann der Computer die Personenerkennung nie bewältigen. Deshalb müssen in jedem Fall von der Person, deren Merkmale festgehalten werden sollen, etliche Hologramme aufgezeichnet werden. Das läßt sich aber in den meisten Fällen ohne Schwierigkeit machen.

Um auf die Kriminalgeschichte in Ihrem Roman einzugehen: Man kann sich leicht vorstellen, daß in dem Büro der Versicherungsgesellschaft von dem Mörder, während er sich die Police ausstellen ließ, mit einer verborgenen Holokamera ein Hologramm-Film aufgenommen wurde. Aus diesem Film, der den Mörder von mehreren Seiten, in verschiedenen Attitüden und mit unterschiedlicher Mimik festhielt, konnte der Computer, indem er die einzelnen Hologramme des Films miteinander verglich, die charakteristischen Merkmale errechnen und speichern. Als man den Chemiker verdächtigte, gab man die Anweisung, an all den Stellen, an denen er vorbeikommen mußte, elektronische Holokameras aufzustellen und mit dem Polizeicomputer zu verbinden. In dem Augenblick, in dem der Mörder an der auf dem Flughafen installierten Holokamera vorbeiging, wurde er von dem Computer erkannt und konnte kurze Zeit später festgenommen werden.«

»Verwendet man dreidimensionale Computer nur für derartige Erkennungszwecke, oder gibt es noch andere Anwendungsmöglichkeiten?«

»Es gibt sogar sehr viele. Man kann damit zum Beispiel besonders komplizierte Rechenoperationen bewältigen, bei denen es darauf ankommt, daß sehr viele Berechnungen gleichzeitig nebeneinander ablaufen. Das ist notwendig, wenn man etwa die Ausbreitung und den Verlauf eines Erdbebens genau registrieren will. Dazu werden einem dreidimensionalen Computer laufend die Meßdaten zugeführt, die von vielleicht hundert über ein sehr weites Gebiet verteilten Seismographen registriert werden. Der Computer errechnet aus diesen gleichzeitig einlaufenden Meßdaten die räumliche Verteilung des Bebens, an der man exakt ablesen kann, von wo es ausging und in welche Richtung und mit welcher Stärke es sich von Sekunde zu Sekunde ausbreitet.

Bei künstlichen kleinen Erdbeben, die man erzeugt, um Ölvorkommen oder Erzlagerstätten ausfindig zu machen, liefert der dreidimensionale Computer ebenfalls ein genaues räumliches Bild vom Verlauf der Bebenwellen. Daraus lassen sich dann Rückschlüsse auf den Ort und das Ausmaß der Öl- und Erzreserven ziehen.

Ein weiteres Beispiel ist die exakte räumliche Registrierung von Atombombenexplosionen. Die dreidimensionalen Computer haben internationale Kontrollen an Ort und Stelle überflüssig gemacht.

Auch für andere militärische Zwecke sind sie von größter Wichtigkeit: Sie können, wenn ein Aufklärungsflugzeug mit Radar ein bestimmtes Gebiet vermißt und die mit Mikrowellen erstellten Vermessungen holographisch aufzeichnet, aus den ungeheur vielen Hologramm-Informationen ein so scharfes optisches Bild errechnen, daß man zum Beispiel jeden einzelnen Panzer und jedes einzelne Flugzeug erkennen kann.

Sie sehen, was die Holographie alles zu leisten vermag. Was Sie in

Ihrem Romankapitel vorweggenommen haben – das räumliche Fernsehen, das Raumsichttelephon und der Erkennungscomputer – sind nur einige wenige Möglichkeiten von vielen, die die Holographie in absehbarer Zeit schaffen wird.«

»Es sind nach dem, was Sie mir erklärt haben, vor allem nur ganz wenige Möglichkeiten unter den vielen, die das Laserlicht bietet. Um so reizvoller ist es, sich aufs neue der Phantasie zu überlassen und an die Grenzen des Utopischen vorzustoßen.«

3

An den Grenzen des Utopischen

Frank kam an einem Donnerstag mit der Nachmittagsmaschine aus Los Angeles. Er hatte ursprünglich erst am Samstag fliegen wollen, weil er mit den Berechnungen, die er für seine Firmenbesuche in Europa brauchte, nicht ganz fertig geworden war. Aber Nel hatte ihn, als er noch einmal anrief und seine Ankunft ankündigte, dazu überredet, früher zu kommen und die drei freien Wochenendtage mit ihnen zu verbringen, da sie sonst nicht viel von ihm haben würden. Es war ihm gar nicht recht gewesen, daß er sich von ihr hatte überrumpeln lassen. Aber wie hätte er ihr seine zeitliche Bedrängnis erklären sollen? Er hatte in all den Wochen davor halbe Nächte durchgearbeitet, um den Industriewissenschaftlern und -technikern, mit denen er verabredet war, nicht ungenügend vorbereitet begegnen zu müssen.

Als man ihm in einer ebenso eilig wie geheim einberufenen Konferenz über intergalaktische Informationsforschung die Leitung eines höchst ungewöhnlichen Vorhabens übertrug, hatte man ihm strengstes Stillschweigen auferlegt. Niemand außer den wenigen, die damit befaßt waren, sollte etwas davon erfahren. Er hätte Nel also nicht die geringste Andeutung machen können, deshalb hätte sie eine Ablehnung ihrer so herzlich vorgebrachten Einladung als Gleichgültigkeit empfinden müssen. Nur darum hatte sich Frank schließlich umstimmen lassen. Aber er war die ganzen Tage bis zu seinem Abflug unruhig gewesen und hatte sich immer wieder Vorwürfe gemacht, daß er nicht doch bei seinem ursprünglichen Plan geblieben war.

Um wenigstens die fünf Flugstunden noch zu nützen, hatte er gleich nach dem Start in Los Angeles seine Mappe hervorgeholt und zu schreiben begonnen, obwohl es ihm zunächst als unsinniger Versuch erschienen war, daß er überhaupt damit angefangen hatte. Doch er war überraschend gut vorangekommen und hatte, als er auf dem Nordflughafen landete, seine Berechnungen so weit fertig, daß ihn das eingeschobene lange Wochenende nicht mehr allzusehr bedrückte.

Er konnte sich jetzt sogar auf das Wiedersehen mit den beiden richtig freuen.
Marcel erwartete Frank auf dem Air Terminal unter dem Stern, an dem die unterirdischen Flughafenschnellbahnen zusammentrafen. Frank hatte ausdrücklich darum gebeten, daß Marcel nicht an die Maschine kommen sollte, weil ihn die Bahn viel rascher in die Stadt bringen würde. Er hatte Nel auch gesagt, daß er, nachdem er so lang nicht mehr hier war, mit Marcel einen kleinen Sternbummel machen wolle, ehe sie beide nach Hause kämen. Doch das war nur ein Vorwand. Frank wollte Marcel zunächst allein sprechen, er wollte ihm von seinem Auftrag erzählen. Er war sich Marcels Verschwiegenheit so sicher, daß er keine Bedenken hatte, ihn einzuweihen. Sie kannten sich zu lang und zu gut, um nicht über alles sprechen zu können. Und Frank war neugierig, wie Marcel die unerhörten Vorgänge, die sich seit einer Weile abzeichneten, aufnehmen würde. Bisher hatte er nur mit nüchternen Wissenschaftlern darüber gesprochen. Spätestens in einigen Monaten würde die Erdbevölkerung ohnehin davon erfahren müssen. Marcels Reaktion würde vielleicht ein Maß für die zu erwartende öffentliche Reaktion sein.
»Ihr habt ja ein herrliches Oktoberwetter«, sagte Frank zur Begrüßung. »Ich dachte schon, ich hätte mich wärmer anziehen sollen. Um so schöner, daß wir jetzt einen kleinen Bummel machen können. Du hast doch Lust dazu?«
»Lust und Zeit«, sagte Marcel mit munterem Lachen. »Nel weiß, daß wir später kommen. Sie wartet auch nicht mit dem Essen auf uns. Wir können tun, was du möchtest. Ich denke, du wirst mir erzählen, was dich nach Europa geführt hat. Deine Andeutungen bei unserem letzten Gespräch ließen mich aufhorchen, aber sie waren so versteckt, daß ich mir nichts Rechtes zusammenreimen konnte.«
»Sie waren auch nur für dich bestimmt, und es hätte, selbst wenn wir allein gewesen wären, unter allen Umständen dabei bleiben müssen.«
»Ist es denn etwas so Geheimnisvolles?«
»Ich glaube, du wirst mehr als überrascht sein. Aber laß uns erst hier rauskommen und nach oben fahren, da spricht es sich besser. Mein Gepäck lasse ich einstweilen da, wir holen es, wenn wir zu deinem Wagen gehen. Hast du ihn in der Nähe?«
»Nicht weiter als zehn Minuten. Ich bringe ihn her, während du dich um deine Koffer kümmerst, dann brauchen wir nichts zu schlep-

pen. Aber jetzt zeige ich dir erst einmal unseren abendlich belebten Stern.«

Es war kurz vor sieben, als die beiden von der Rolltreppe aus den hellerleuchteten Platz betraten. Durch die Bäume und Zierpflanzen auf dem breiten Grünstreifen, der die Geschäftspromenade von den Fahrbahnen abgrenzte, sahen sie in einem lautlosen Strom die Autos vorbeigleiten. Die als hängende Gärten angelegten Terrassenrestaurants, zu denen man über gläserne Treppen gelangte, waren voll besetzt.

»Das ist jeden Abend und auch bei jedem Wetter so«, sagte Marcel. »Wenn es regnet, werden bunte Markisen ausgefahren, die das Tropfengeräusch schlucken, damit man sich nicht wie unter einem Schirm vorkommt. Das ist die neueste Errungenschaft, die man dem Ruf der ruhigsten Stadt schuldig zu sein glaubte.«

»Ich habe mich oft danach gesehnt, Marcel, mit euch hier zu sitzen, zu plaudern und die Augen in dem unhörbaren Getriebe spazierengehen zu lassen. Es ist merkwürdig, wie gut man unter so vielen Menschen aufgehoben ist. Man kann allein sein, ohne einsam zu sein. Du weißt nicht, wie ich das jetzt genieße, nachdem ich monatelang nur etwas im Sinn haben konnte, was diese ganze Selbstverständlichkeit hier in einem eigentümlichen Licht erscheinen läßt.«

»Du sprichst in Rätseln, Frank. So kenne ich dich gar nicht. Laß uns ein wenig auf und ab gehen und wie die alten Peripatetiker über deine Bürde sprechen, denn es scheint wirklich eine Bürde zu sein. Also erzähl mir.«

»Du weißt doch, daß man schon seit mehr als vierzig Jahren den Weltraum abhorcht, um möglicherweise eines Tages Mikrowellen-Signale von anderen Sternen aufzufangen, die darauf schließen lassen, daß auf diesen Sternen intelligente Wesen leben. Da Mikrowellen, wenn sie einen Weg von mehreren Lichtjahren, also von etlichen Billionen oder gar Billiarden Kilometern, hinter sich haben, nur noch sehr schwach ankommen, hat man, um die Auffangwahrscheinlichkeit zu erhöhen, immer größere Antennen gebaut. Aber selbst mit sehr großen Antennen konnte man in all den Jahren nur ein undefinierbares Rauschen registrieren, das offensichtlich von natürlichen Strahlungsquellen herrührte. Vielleicht erinnerst du dich auch daran, daß vor nicht ganz zehn Jahren die Orbitalstation »Prometheus« mit einer Riesenantenne ausgerüstet wurde, die einen Durchmesser von zehn Kilometern hat.«

»Daß die Signale von einem rund dreißig Lichtjahre entfernten Stern unserer Milchstraße kommen. Seit Beginn dieses Jahres kann man sie entschlüsseln.
Man mußte zunächst ganz neue Methoden entwickeln, um die außerordentlich schwach ankommenden Sendezeichen aus dem Weltraumrauschen herausfiltern zu können. Und man mußte die größten verfügbaren Computer einsetzen, damit man aus diesen Zeichen klug werden konnte. Erst nach einigen Milliarden von versuchten Kombinationen erkannte man, daß die in größeren Abständen sich wiederholenden Signale einen Hinweis auf den astronomischen Standort des Sterns enthalten. Man hat jetzt auch herausgefunden, daß dieser Hinweis auf drei markante Sterne Bezug nimmt, deren bekannte Konstellation zueinander einen eindeutigen Rückschluß auf den Standort des Sendersterns zuläßt. Man weiß also genau, wo dieser Stern steht, obwohl er selbst mit den größten Teleskopen nicht ausfindig zu machen ist. Er scheint so schwach zu leuchten oder durch andere, hellere Sterne für uns so verdeckt zu sein, daß wir kein Licht von ihm empfangen können. Aber der trigonometrische Hinweis ist viel wichtiger, weil er sehr genau ist. Wir können jetzt, und das ist auch die Absicht, von uns aus mit diesem Stern Kontakt aufnehmen.«
»Hat man schon einen Namen für diesen Stern gefunden?«
»Man hat ihn ›Symban‹ genannt. Es ist das griechische Wort für Ereignis, das aus dem Verb ›symbainein‹ gebildet ist; ›symbainein‹ bedeutet zusammenkommen, sich vereinigen. Ich finde die Bezeichnung recht treffend.«
»Außer dem Hinweis auf den Standort enthalten die Signale vom Symban doch auch den Hinweis darauf, daß die Symbaner, wie immer man sie sich auch vorstellen mag, einen ähnlich hohen technischen Stand erreicht haben wie wir?«
»Sie sind sogar sehr viel weiter als wir. Das kann man allein an der Sendeleistung ablesen, die notwendig ist, um Mikrowellen über eine Distanz von dreißig Lichtjahren überhaupt empfangen zu können. Man kann sehr leicht ausrechnen, daß das nur dann möglich ist, wenn die Sendeleistung mehr als zehntausendmal stärker ist als die Leistung, die wir bis jetzt für möglich gehalten haben. Wer so starke Sender bauen kann, muß uns weit voraus sein.«
»Wie können wir aber mit dem Symban Kontakt aufnehmen, wenn unsere Sender viel zu schwach sind?«

»Wir werden, und das ist das Projekt, von dem ich sprach, den Kontakt nicht mit Mikrowellen, sondern mit Laserstrahlen aufnehmen, die eine ungleich viel größere Übertragungsleistung haben.«
»Warum, glaubst du, haben sich nicht auch die Symbaner mit Laserstrahlen an uns gewandt? Weil sie meinen, daß andere noch nicht so weit sind wie sie?«
»Sie haben es mit Mikrowellen versucht, weil sie mit den feingebündelten Laserstrahlen unendlich lange Zeit gebraucht hätten oder brauchen würden, um damit den vollen Raumwinkel abzutasten und dabei auf ein Echo hoffen zu können. Die Mikrowellen breiten sich, je größer der Weg wird, den sie zurücklegen, in einer zunehmend größeren Fläche aus. Damit nimmt zwar ihre Leistung ab, aber die Wahrscheinlichkeit ist größer, daß sie auf einen Empfänger treffen, der in einer beherrschbaren Zeit zu erreichen ist und dann auch antworten kann. Freilich dauert eine mit Mikrowellen übermittelte Botschaft sehr viel länger als eine mit Laserstrahlen ausgesendete Nachricht. Die Ausbreitungsgeschwindigkeit der beiden Wellen ist zwar die gleiche, eben die Lichtgeschwindigkeit, aber da die Leistung der Mikrowellen verhältnismäßig rasch abnimmt, braucht man, um Informationen viele Lichtjahre weit zu transportieren, unter Umständen Wochen für ein einziges Bit. Bei den Symban-Signalen sind die einzelnen Bits in einem Zehntagerhythmus aneinandergereiht. Deshalb dauerte es ja auch so lang, bis man aus vielen Bits ein verständliches Zeichen gewann.«
»Könnte man die Bitfolge auf Laserstrahlen sehr viel dichter machen?«
»Man kann sie so dicht machen, daß sich selbst über viele Lichtjahre hinweg Informationen im Sprechtempo übermitteln lassen.«
»Man würde also eines Tages auf einem Laserstrahl mit den Symbanern telephonieren können?«
»Man wird vermutlich wirklich so weit kommen. Das setzt allerdings voraus, daß wir den Symbanern unsere Denkweise und unsere Sprache beigebracht und daß auch wir ihre Denkweise und Sprache verstehen gelernt haben. Doch selbst wenn es soweit ist, sind solche Telephongespräche recht merkwürdig: Jedes Wort, das von der Erde ausgesendet wird, braucht dreißig Jahre, bis es auf dem Symban ankommt; und jedes Wort, das uns die Symbaner übermitteln, braucht dreißig Jahre, bis es uns erreicht. Eine Antwort auf eine Frage kommt also erst nach sechzig Jahren an.«

»Glaubst du, die Symbaner erwarten, daß die Wesen, die ihre Signale auffangen und entschlüsseln, mit ihnen in eine Laserverbindung treten?«
»Sie werden es zumindest erhoffen, denn sie können annehmen, daß technisch fortschrittliche Vernunftwesen, die ihre Zeichen auffangen und verstehen, entweder schon Laser zur Verfügung haben oder in einigen Jahrzehnten zur Verfügung haben werden. Wer soweit ist und auch die entsprechenden Anlagen besitzt, um sehr schwache Mikrowellensignale aus dem Weltraum empfangen und auswerten zu können, kann von der Lasertechnik nicht weit entfernt sein. Daß die Symbaner diese Technik beherrschen, daran besteht nicht der geringste Zweifel. Wenn sie schon die Mikrowellentechnik so viel besser beherrschen als wir, dann beherrschen sie selbstverständlich auch andere Techniken erheblich besser.«
»Worin besteht nun dein Auftrag, Frank?«
»Ich sollte mit einem eigens zusammengestellten Mitarbeiterstab zunächst einmal errechnen, welche Sendeleistung der Laser haben muß, mit dem wir den Symban ansteuern wollen, wie groß der Querschnitt des Laserstrahls sein und welche Ausmaße die Sendeantenne haben muß. Das hängt ja alles zusammen. Diese ersten Berechnungen waren nicht sehr schwierig. Das Hauptproblem ist der Sendespiegel: Er muß einen Durchmesser von einem Kilometer haben und so genau vermessen sein, daß die geometrischen Abweichungen geringer als ein Tausendstelmillimeter sind. Meine Aufgabe ist es nun, mit den einschlägigen großen Firmen darüber zu sprechen, wie ein solcher Spiegel hergestellt werden kann. Deshalb bin ich auch hierhergekommen. Ich werde neben unseren eigenen Unternehmen, die ich bereits besucht habe, und neben japanischen, russischen und chinesischen Firmen einige europäische aufsuchen und mit den Fachwissenschaftlern und -technikern über dieses Projekt sprechen. Da man sowohl neue Technologien wie neue Techniken dazu ersinnen muß, sollen alle gefragt werden. Es ist ja auch ein internationales Vorhaben.«
»Warum ist dieser Kilometerspiegel schwieriger zu bauen als die Zehnkilometerantenne der ›Prometheus‹-Station?«
»Weil ein Laserspiegel zehntausendmal genauer sein muß als ein Mikrowellenspiegel.«
»Hältst du es für möglich, daß man diese Genauigkeit erreicht?«
»Es muß möglich sein, aber man wird den Spiegel weder auf der

Erde bauen noch auf der Erde aufstellen können, weil er absolut erschütterungsfrei und wetterunabhängig sein muß.
Man hat als erstes überlegt, ob man ihn in einem von den bewohnten Lunarstationen abgelegenen Mondkrater unterbringen kann. Dazu müßte der Krater allerdings ziemlich tief ausgehoben werden. Doch selbst dann wären, wie die vor kurzem angestellten Bohrversuche ergeben haben, die Mondschwingungen für die Antenne noch zu groß. Ich habe mich an Ort und Stelle darüber informiert. Ich war vor sechs Wochen zwei Tage in unserer ›Tranquilla‹-Station im Meer der Ruhe und bin, nachdem ich die ersten Meßergebnisse gesehen habe, zu der Überzeugung gekommen, daß der Mond kein geeigneter Standort für den Laserspiegel ist.«
»Erzähl das bloß nicht Micha, daß du auf dem Mond warst. Er würde dich mit seinen Fragen nicht mehr auslassen.«
»Natürlich erzähle ich ihm das, ich habe ihm sogar eine kleine Erinnerung an meine erste Mondreise mitgebracht: einen Mondquarz, den ich in unserem Labor habe schleifen und so fassen lassen, daß er ihn als Talisman verwenden kann. Ich denke, er wird sich darüber freuen.«
»Du könntest ihm keine größere Freude machen. Er wird ihn überall herumzeigen und sagen, woher er ihn hat.
Aber ich habe dich unterbrochen, du wolltest mir vermutlich erklären, wo und wie man die Laserantenne dann installieren kann.«
»Man wird sie in jedem Fall als freie Raumstation konstruieren müssen. Ob man sie über dem Mond oder über der Erde fixieren soll, das werden die weiteren Überlegungen ergeben. Das ist im Augenblick auch keine so wichtige Frage. Viel wichtiger sind vernünftige Vorschläge, wie und woraus dieser Kilometerspiegel, der sich nicht im geringsten verformen darf, angefertigt werden kann. Das werden hoffentlich die für die nächsten Wochen und Monate vorgesehenen Besprechungen erbringen. Es wird sicher eine Weile dauern, ehe die ersten vagen Konzeptionen vorliegen, denn die Physiker und Ingenieure, die sie ausarbeiten sollen, haben noch gar keine Ahnung davon. Es wird etwas völlig Neues für sie sein.«
»Ich kann mir gar nicht vorstellen, Frank, was man den Symbanern, wenn der Lasersender mit der Riesenantenne fertig ist, übermitteln will. Sie können doch, auch wenn sie erheblich weiter sind als wir, unsere Sprache nicht verstehen.«
»Sie werden sie mindestens genauso rasch verstehen lernen, wie wir

die ihrige verstehen gelernt haben. Für ihre Computer wird das ein Leichtes sein.
Mit der Frage, wie wir uns anderen Vernunftwesen verständlich machen können, beschäftigt man sich schon lange. Man hat bereits vor Jahrzehnten eine Code-Sprache entwickelt, in der eines so auf dem anderen aufbaut, daß der Partner nach einer gewissen Zeit unseren gesamten Wortschatz mit der dazugehörigen Grammatik und Syntax beherrschen kann.
Es ist im Grunde viel leichter, als man zunächst denkt. Es ist vor allem leichter, als sich einem Kind verständlich zu machen, das taubstumm und blind ist und nur durch seinen Tastsinn verstehen lernen kann.«
»Welche Signale würde man denn als erste übermitteln?«
»Die gleichen, die wir empfangen haben. Damit sagen wir den Symbanern, daß wir sie gehört haben und ihnen antworten wollen. Sie wissen also, daß die Lasersignale, die wir ihnen zuleiten, nicht zufällig bei ihnen ankommen, sondern für sie gedacht sind. Daß wir ihre Zeichen verstanden haben, geht daraus hervor, daß wir ihren Standort ausfindig gemacht haben. Mehr haben wir von ihnen bis jetzt nicht erfahren. Unseren eigenen Standort brauchen wir nicht anzugeben, weil sie ihn sofort aus der Richtung des Laserstrahls erkennen können. Die genaue Entfernung können wir ihnen mitteilen, wenn wir ihnen unsere Sprache beigebracht haben.«
»Und wie bringen wir sie ihnen bei?«
»Indem wir zunächst immer wieder zwei deutlich unterscheidbare Zeichen senden, die den Grundzahlen des einfachsten Zahlensystems, des Dualsystems entsprechen. Der nächste Schritt ist, daß wir mit diesen Grundzahlen zu zählen beginnen. Wenn wir annehmen können, daß die Symbaner mit unserer Zählweise vertraut sind, dann werden wir einfache Rechnungen übermitteln. Auf diese einfachen Rechnungen folgen dann mathematische, geometrische und physikalische Lehrsätze, die nach dem Vorangegangenen ohne weiteres zu verstehen sind.
Natürlich senden wir diese Lehrsätze nicht, um den Symbanern zu zeigen, daß wir sie kennen, sondern um ihnen damit allmählich unsere Denk- und Anschauungsweise zu vermitteln. Ist das in der abstrakten Sprache der Mathematik geschehen, dann können wir den Formeln jeweils unsere Sprachsymbole hinzufügen. Wir können zum Beispiel die abstrakten Formulierungen, die sich auf einen

Kreis, auf ein Quadrat oder auf ein Dreieck beziehen, durch die Sprachsymbole ergänzen, die wir für diese geometrischen Figuren verwenden.«

»Du meinst, wir können den Symbanern auf dem Umweg über die Zahlen unsere Sprache sozusagen als Bildersprache beibringen?«

»In einer gewissen Zeit und mit einem klug erdachten System ist das sicher möglich. Man kann, wenn man die unmißverständlich übermittelten Wortinhalte ebenso unmißverständlich miteinander kombiniert, mit dem Wortschatz zugleich die Grammatik und die Syntax verstehbar machen. Man kann sogar, wenn man annehmen darf, daß die Symbaner unsere Wortbildungen und deren Verbindungen begriffen haben, so weit gehen, daß man ihnen auch noch zeigt, wie unsere Sprache klingt. Wenn man zu jedem in der Code-Sprache übermittelten Wort die phonetischen Schwingungen überträgt, können die Symbaner mit ihren Vocodern oder Stimmerzeugern, die sie zweifellos haben, unsere Sprache so rekonstruieren, wie sie gesprochen wird. Das heißt, aus der mathematischen Sprache entsteht über die Symbol- oder Bildersprache schließlich die unmittelbare Lautsprache.«

»Das wäre dann so, als würde man den Symbanern zu einem schriftlich übermittelten Text das zugehörige Tonband liefern?«

»Es wäre so ähnlich. Und es ist keineswegs abwegig, sich vorzustellen, daß die Symbaner, wenn sie nach dreißig Jahren unseren Sprachkurs verfolgt haben, in unserer Lautsprache antworten.«

»Ich weiß nicht, was ich empfände, Frank, wenn ich eines Tages von intelligenten Wesen, deren Gestalt ich mir nicht im geringsten vorstellen kann und die ich auch nie werde sehen können, in meiner eigenen Sprache angesprochen würde. Ich finde allein den Gedanken unerhört.«

»Wir werden sie freilich nie sehen können, weil die Antwort der Symbaner erst in drei- oder vierundsechzig Jahren bei uns eintrifft. Bis wir unseren Sender installiert haben, werden noch mindestens zwei Jahre vergehen; dann werden wir etwa ein Jahr brauchen, um die Symbaner mit unserer Sprache und all dem vertraut zu machen, was wir ihnen übermitteln wollen. Auch wenn sie sehr schnell lernen und reagieren, werden, nachdem sie unsere ausführliche Nachricht erhalten haben, mindestens einunddreißig Jahre verstreichen, ehe wir mehr über sie wissen.

Micha wird es vermutlich erleben. Und er wird auch erfahren, wie die Symbaner aussehen, denn genauso wie man auf einem gebündelten Lichtstrahl Wortinformationen und akustische Schwingungsspektren übertragen kann, genauso kann man mit Laserlicht Bildinformationen übermitteln. Es dauert nur länger, weil ein Bild, vor allem ein scharfes Bild, aus sehr viel mehr Informationen zusammengesetzt ist als ein Text. Aber die Übertragungszeit spielt doch bei einem solchen Unternehmen keine Rolle.«

»Werden wir den Symbanern neben einem Sprachkurs und einer knappen Erd-Enzyklopädie auch Bilder von uns zuleiten?«

»Ich bin ganz sicher, daß wir das tun werden. Dabei wird es nicht leicht sein auszuwählen, was wir ihnen von uns zeigen wollen. Darüber wird man sich vermutlich eine Weile den Kopf zerbrechen.

»Was würdest du denn auswählen?«

»Das kann ich dir auf Anhieb nicht sagen, Marcel. Ich habe daran noch nicht gedacht. Man wird zunächst wahrscheinlich eine möglichst natürliche Familienaufnahme aussuchen, auf der ein Mann, eine Frau und einige Kinder verschiedenen Alters zu sehen sind, denn die Symbaner werden als erstes einen Eindruck von unserer Gestalt gewinnen wollen. Doch welche Menschen soll man zeigen: Europäer, Japaner, Inder, Araber oder Afrikaner? Du siehst, wie schwierig allein diese erste Überlegung ist. Die anderen sind nicht leichter: Welche Tiere, welche Pflanzen und Landschaften, welche Städte, Bauten und technischen Einrichtungen sind am typischsten für uns? Nur ein Bild wirft keine Probleme auf: das Bild unserer frei im Raum schwebenden Erdkugel, auf dem die Verteilung von Wasser und Land, von Flüssen, Gebirgen, Wäldern und Steppen zu sehen ist.«

»Eigentlich wollte ich dir unseren belebten Stern zeigen, Frank. Ich meine den Platz hier, den wir mittlerweile schon zweimal umrundet haben, ohne auf die Menschen und Geschäfte zu achten, an denen du vorbeibummeln wolltest. Ich habe dich mit meinen Fragen so abgelenkt, daß du gar nicht zum Schauen kamst. Aber was du mir erzählt hast, war so faszinierend, daß ich nicht einmal ein schlechtes Gewissen habe. Hast du denn keinen Hunger? Wir könnten hier rasch etwas essen.«

»Wenn du es möchtest, gern. Ich habe im Flugzeug gegessen.«

»Dann laß uns allmählich heimfahren. Nel freut sich, wenn wir eher kommen.«

»Ich möchte noch rasch ein paar Blumen besorgen«, sagte Frank und

steuerte suchend auf die vornehm erleuchteten Schaufenster einer breiten, zu einer riesigen Halle ausgeformten Geschäftspassage zu. Das erste, was von weitem schon die Blicke der beiden auf sich lenkte, war ein mit Hunderten von Kerzen erhellter fürstlicher Barocksaal, in dem sich, umgeben von kostbaren Bildern und erlesenen Möbeln, eine größere Gesellschaft ein festliches Stelldichein gab. Dieses inmitten der modernen Großstadtgeschäftigkeit höchst unerwartete Schauspiel hatte sich einer der exklusiven Modesalons einfallen lassen, um seine neuesten Kreationen im gebührenden Rahmen und in der anmutigen Bewegung hochgewachsener, fast unterschiedslos schöner Mannequins vorzuführen. Der effektvolle Gegensatz zwischen dem stilechten Raum und der in ihn verpflanzten auffallend modischen Garderobe wurde in skurriler Weise noch unterstrichen durch den unterschiedlichen Couturestil, der neben das seriöse Klassische die verspielte und gewagte Extravaganz stellte.
Frank und Marcel waren eine Weile stehengeblieben und hatten sich wie jeder, der vorbeikam, von dem lebendigen Modejournal imponieren lassen.
»Im Grunde ist es eine Teufelei«, meinte Frank im Weitergehen, »wenn man sich jedesmal überlegen muß, ob das, was diese Geschäfte an Aufwand treiben, Wirklichkeit oder Gaukelei ist. Als ich noch nicht erkennen konnte, wie tief sich der Saal nach hinten erstreckt, glaubte ich, es sei hier aus einem besonderen Anlaß eine große Modevorführung arrangiert worden. Erst die Raumdimensionen, die das Maß der umgebenden Architektur sprengen, brachten mich darauf, daß wir durch eine große Videoscheibe schauen. Du hast vermutlich auch bemerkt, daß vor allem die Damen, die neben uns standen, mit großen Augen für bare Münze nahmen, was ihnen lediglich ein Hologramm-Film zeigte, der in irgendeinem Schloß aufgenommen wurde. Das hier scheint allerdings echt zu sein.«
Frank deutete auf einen exotischen Zaubergarten, mit dem ein Delikatessengeschäft für seine Köstlichkeiten warb. In einer phantastischen Urwaldflora, in der sich prachtstrotzende Orchideen rankten, waren wie aus einem Füllhorn alle Genüsse Lukulls hingebreitet. Da schwebten, hockten oder lagen Fasanen und Rebhühner, Truthähne und Wachteln, Schildkröten und Frösche; in einem kleinen, glasklaren Bach schwammen lebendige Forellen und von stämmigen Ästen hingen die herrlichsten Früchte herunter. Das Ganze war so malerisch komponiert, daß es wie ein Kunstwerk wirkte.

»Du siehst«, sagte Marcel, »daß man hier die Echtheit ausdrücklich betont, indem man die Passanten durch die Zweige und Blätter das Ladeninnere sehen läßt. Das machen manche Geschäfte, um keine Zweifel aufkommen zu lassen, daß auch ihre Werbemittel real sind. Die Käufer sind allmählich so mißtrauisch geworden, daß sie sagen, wirklich ist nur, was man anfassen kann. Deshalb suchen die Werbeleute immer wieder nach neuen Versionen, um den Kunden zu beweisen, daß die Dekorationen und Ausstellungsstücke echt sind. Da vorne ist übrigens ein Blumenladen.

Die beiden schlenderten einer verschwenderischen Augenweide zu: Hinter einem riesigen kunstvollen Schmiedeeisengitter, das die Schaufensterscheibe ersetzte, standen auf einer schräg aus dem Ladenraum heraustretenden Treppe aus alten Eichenbohlen die schönsten und wertvollsten Vasen, Krüge und Schalen, die eine immer wieder andere Blütenwelt bargen.

»Das sind richtige Künstler, die so etwas machen«, staunte Frank. »Um diesen Geschmack haben die Amerikaner Europa immer beneidet. Es ist einfach eine Lust, vor solchen Geschäften zu stehen.« Er bemerkte neben einer Delfter Vase, in der wohl an die hundert langstielige Rosen in verschiedenen Grün- und Blautönen steckten, ein Emailtäfelchen mit der Aufschrift ROSEN UND TULPEN IN ALLEN MODEFARBEN. »Jetzt fängt man bei euch auch schon an, die Blumenzucht zu manipulieren. Ich dachte, ihr würdet euch wenigstens in den Anfängen dagegen wehren.«

»Aber es gibt doch schon lange gefärbte Nelken und auch andere gefärbte Blumen. Warum sollte man, wenn es Anklang findet, nicht ebenso Rosen und Tulpen färben?«

»Die sind nicht gefärbt, Marcel, die sind durch künstliche Genveränderungen gezüchtet. Wenn du genau hinsiehst, erkennst du, daß die Rosenblätter nicht gleichmäßig durchgefärbt sind, sondern verschiedene Farbnuancen aufweisen. Deshalb wirken sie so natürlich. Sie sind auch natürlich, aber eben durch eine physikalisch-chemische Manipulation hervorgerufen. Welches ist denn Nels Lieblingsfarbe? Oder weißt du zufällig, in welchem Kleid sie uns empfangen wird?«

»Ich könnte mir denken, daß sie das türkisfarbene trägt, das sie sich vor ein paar Tagen gekauft hat. Sie mußte, wie sie mir erzählte, ziemlich lang suchen, bis sie die passenden Schuhe und die passende Tasche dazu fand.«

»Dann soll sie jetzt auch die passenden Rosen dazu bekommen«, sagte Frank und betrat den Laden.
Marcel versuchte so gut es ging, sich an den richtigen Farbton zu erinnern. »Fünfundzwanzig willst du nehmen?«, flüsterte er Frank zu, als er dessen Bestellung hörte, »ist das nicht ein bißchen viel für eine Begrüßung? Nel wird dich schimpfen.«
»Es ist nicht nur zur Begrüßung, ich habe etwas gutzumachen: Ich war Nel ein wenig böse, weil sie mich so drängte, schon heute zu kommen. Aber jetzt bin ich froh, daß ich da bin. Die Rosen sind also auch eine stumme Abbitte.«
Solange sie in der Stadt waren und auch noch während der Fahrt zu Marcels Wohnung hatte Frank das Gefühl gehabt, daß mehr als zweieinhalb Jahre vergangen sein müßten, seit er zum letzten Mal hier war. Aber in dem Augenblick, in dem er den Raum betreten hatte, in den er wenige Tage zuvor bei dem Gespräch mit Nel hatte hineinschauen können, war es ihm vorgekommen, als sei es gestern gewesen. »Sogar die Zeit gerät durcheinander«, hatte er überrascht geäußert, als er von der Tür aus die durch das Videophon wohlvertraute Einrichtung vor sich sah. »Eigentlich brauchte man gar nicht mehr zu reisen, man könnte ebensogut alle seine Freunde und Bekannten ins Haus holen und sich selbst zu ihnen bringen, ohne sich von der Stelle zu rühren.«
Als erstes hatte Frank ausführlich von seiner Mondreise erzählen müssen. Dafür hatte Micha gesorgt, der genau wissen wollte, was die Bewohner der Lunarstationen machen, wie sie dort oben leben, ob auch schon Kinder auf dem Mond waren und ob es außer ihm noch andere gibt, die einen Talisman aus Mondquarz haben. Nel und Marcel hatten seiner Fragelust erst Einhalt geboten, als er müde zu werden begann.
»Hat dir Marcel erzählt«, fragte Nel, nachdem Micha ohne Widerstreben ins Bett gegangen war, »daß Micha im April ein Schwesterchen bekommt?«
»Er hat mir nichts gesagt. Das ist ja wunderbar, Nel, ich freue mich für euch. Hast du eine Ultraschalluntersuchung vornehmen lassen?«
»Ja, vor zwei Wochen. Der Arzt sagt, es ist alles in Ordnung. Er fragte mich, ob ich den Embryo sehen möchte. Er hätte eine Aufnahme von dem Schirmbild für mich gemacht, aber ich will das Baby erst sehen, wenn es wie ein Mensch aussieht. Ich muß alle vier Wochen zur Kontrolle kommen, damit man notfalls rechtzeitig ein-

man an die Manipulation bei der Erzeugung von Lebensmitteln denkt, gegen die wohl auch niemand etwas einzuwenden hat, dann kann man kaum noch von Spielerei sprechen. Ihr braucht euch nur vorzustellen, was es bedeutet, wenn man künftig alle Getreidesorten jedem Klima anpassen kann; wenn Kartoffeln in gleicher Form und Größe gezüchtet werden, so daß sie vollautomatisch geerntet, verpackt und verarbeitet werden können; wenn mit einem Mal Äpfel, Birnen und andere Baumfrüchte wachsen, die alle zur gleichen Zeit reif sind und deshalb mühelos maschinell abgenommen werden können; oder wenn Obst- und Gemüsesorten mit ganz neuen Geschmackseigenschaften auf den Markt kommen.«

»Ich finde das phantastisch, wenn man das kann«, sagte Marcel mit einem fragend anerkennenden Blick auf Nel. »Dann wirst du eine ungeahnte Abwechslung in deine Küche bringen. Die Obst- und Gemüsezüchter werden aus dem Geschmack eine Mode machen. Man wird sich eine Zeitlang auf das Neue von heute stürzen und dann wieder auf das Neue von morgen. Wir werden zu Gourmets erzogen, wie es sie noch nie gab.«

»Findest du diese Vorstellung wirklich so reizvoll, oder bist du wieder ironisch?«, fragte Nel unsicher.

»Ich meine es ausnahmsweise ernst. Nel fürchtet manchmal meine scharfe Zunge«, sagte Marcel mit einem entschuldigenden Lächeln zu Frank. »Bedenklich wird es natürlich, wenn man auch die Tierzucht manipulieren möchte.«

»Man tut es bereits, wenigstens in Versuchen. Ich habe mir sagen lassen, daß man daran denkt, besondere Steakrinder zu züchten, die einige Rippen mehr haben als die normalen Rinder. Man will auch Hühner mit einer erheblich größeren Legeleistung züchten. Unlängst habe ich gehört, daß selbst die Ziertierzüchter Experimente anstellen lassen, mit denen neue Fisch- und Vogelrassen hervorgebracht werden sollen, um unsere Fauna durch nie gesehene Formschönheit und Farbenpracht zu bereichern, wie sie sagen. Aber ich finde das auch bedenklich, denn es wird sich nur schwer eine vernünftige Grenze ziehen lassen. Mit welchen Gesetzen sollte man einem Mißbrauch begegnen, wenn man sich nicht schon den Anfängen widersetzt? Die Politiker müssen sich bereits jetzt damit befassen, denn wenn die Tiere einmal da sind, kann man sie nicht mehr abschaffen. Ich habe allerdings den Eindruck, daß sich zunächst keiner so recht an das heiße Eisen heranwagt. Ihr werdet auch in den

Videonachrichten und -kommentaren kaum etwas darüber erfahren haben, weil diesmal offenbar selbst die Presseleute nicht wissen, wie sie sich dazu verhalten sollen. Im übrigen versucht man in den Laboratorien, möglichst wenig nach außen dringen zu lassen.«

»Ich weiß auch nicht, was ich davon halten soll«, meinte Nel nachdenklich. »Was sagst du dazu, Marcel?«

»Es ist schwierig, so rasch eine begründete Meinung dazu zu haben. Was Frank erzählt, ist für mich genauso neu wie für dich. Man muß sich, glaube ich, ebenso davor hüten, sein Urteil nach sentimentalen Gefühlen wie nach ganz nüchternen Zweckügerlegungen auszurichten. Du hast dich schon länger damit beschäftigt, Frank, und findest, daß sich kaum eine vernünftige Grenze ziehen läßt. Es wundert mich nur, daß sich die Kirchen noch nicht eingeschaltet haben.«

»Ich bin sicher, daß sie längst darüber beraten. Aber was sollen sie tun? Sie haben sich auch früher nicht gegen Zuchtversuche gewandt, bei denen man ebenfalls die Natur korrigiert hat. In der Medizin wurden alle möglichen molekularbiologischen Methoden geduldet, wenn sie dazu dienten, Krankes gesund zu machen oder Krankheiten zu verhüten, wenn sie, wie es immer hieß, auf eine positive natürliche Entwicklung abzielten. Doch was ist positiv? Wer kann feststellen und wer kann vor allem deutlich abgrenzen, was wirklich dem Wohl der Menschheit dient und in welchem Ausmaß die Menschen um dieses Wohles willen die Natur korrigieren oder manipulieren dürfen, ohne sich damit an der Natur zu versündigen? Wir werden nicht umhinkönnen, eine völlig neue Vorstellung und Auffassung von dem zu gewinnen, was wir unter ›Natur‹ verstehen. Obwohl es die Naturwissenschaftler sind, die zu dieser neuen Auffassung gedrängt haben und immer mehr drängen, wird man von ihnen nicht erwarten dürfen, daß sie mit ihren Erkenntnissen und Möglichkeiten auch deren gültige philosophische oder religiöse Wertung liefern.«

»Aber die extrauterale Befruchtung, von der uns unser Gynäkologe erzählt hat und von der wir ausgegangen sind, Frank, dürfte von den Wissenschaftlern zumindest beim Menschen unter keinen Umständen versucht werden. Das ist einfach gegen die Natur.«

»Du sagst das so entschieden, Nel«, erwiderte Frank ruhig. »Warum darf das nicht versucht werden und warum ist es gegen die Natur, wenn man damit die Gewißheit schafft, daß auf ganz natürliche Weise ein gesundes Leben entsteht?«

unserer Erde ins Herz sehen und sie beliebig verändern könnt, wollt ihr auch noch ferne Welten beherrschen. Hoffentlich trefft ihr dort klügere Frauen an, als wir es sind«, sagte Nel lachend und ging aus dem Zimmer.

»Warum sagte sie das, Marcel? Sie kann doch von dem, was ich dir erzählt habe, keine Ahnung haben.«

»Nenn es Zufall oder Instinkt. Nel überrascht mich damit nicht zum ersten Mal. Aber nachdem sie uns, völlig unbefangen und ohne es zu wissen, schon das Stichwort gegeben hat: Wie mögen wohl die Symbanerinnen aussehen? Wenn es auf diesem Stern vernünftige Wesen gibt, dann muß es, denke ich mir, auch zweierlei Geschlechter geben. Wie sollten sie sich sonst fortpflanzen? Meinst du, daß man diese Wesen auch nur im entferntesten mit Menschen vergleichen kann?«

»Das glaube ich am allerwenigsten. Unsere Gestalt, unsere Gliedmaßen, unsere Sinnesorgane, unser ganzer Organismus hängen doch von der zufälligen Konstellation der Materie ab, die uns umgibt und die uns so, wie wir sind, hervorgebracht hat. Wäre die Erde größer oder kleiner, hätte sie eine andere Masse, wäre die Atmosphäre, in der unser Leben entstehen konnte, anders zusammengesetzt, wäre sie dichter oder dünner und wäre der Abstand zu der energiespendenden Sonne größer oder geringer, dann sähen wir mit Sicherheit anders aus, wenn es uns überhaupt gäbe. Deshalb sind alle Spekulationen über die Gestalt der Symbaner sinnlos. Wir wissen von diesem Stern nur, daß er existiert und daß er offensichtlich hochzivilisierte vernünftige Wesen birgt. Was man von ihnen annehmen kann, ist sehr spärlich, zumindest was ihr Aussehen betrifft. Man kann annehmen, daß die Symbaner ein Gehirn haben, das ein bestimmtes Volumen hat. Anders ist die geistige Organisation eines Lebewesens kaum denkbar. Zu einem Vernunftwesen gehört nun einmal ein Informationsspeicher, ein Gedächtnis, das, vor allem wenn es sehr leistungsfähig sein soll, eine entsprechende räumliche Ausdehnung haben muß. Man kann auch annehmen, daß mit diesem Gedächtnis Sinnesorgane verbunden sind, ohne die sich ein Vernunftwesen seiner Umgebung nicht anpassen könnte. Diese Sinnesorgane haben ebenfalls eine bestimmte Größe und Form, die davon abhängt, auf welche Reize sie ansprechen und welche Funktion sie haben. Schließlich muß es auch so etwas wie einen Körper geben, der das Gehirn und die Sinnesorgane trägt und der in irgendeiner

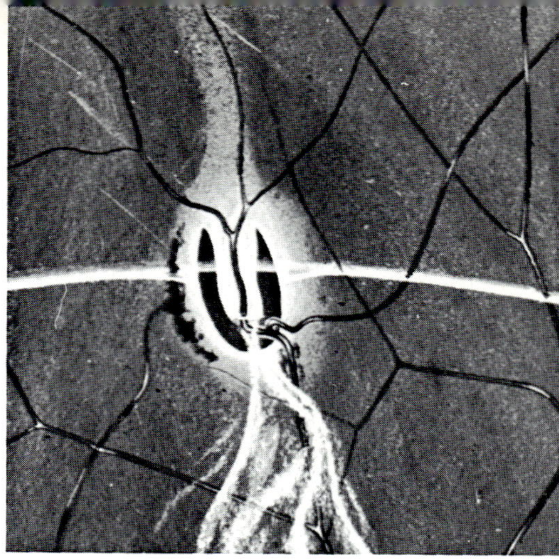

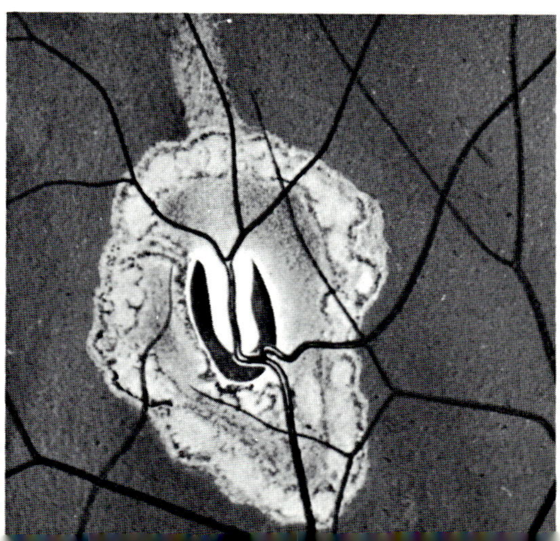

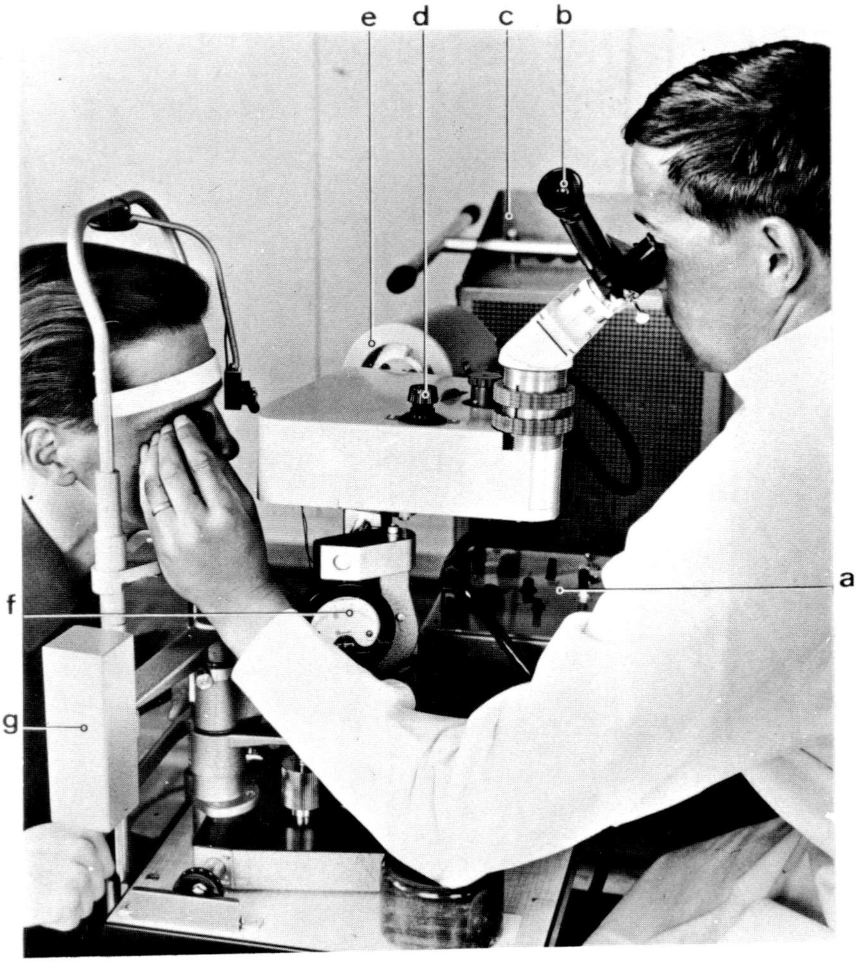
e
d
c
b
a
f
g

4

Laser: ein Universalinstrument

Unblutige Operationen · Zahnbehandlungen mit Laserlicht Organuntersuchungen mit Ultraschall-Hologrammen · Biegsames Licht · Der ideale Nachrichtenträger · Ein universelles Meßinstrument · Materialbearbeitung mit Laserstrahlen · Ein Weg zur Kernverschmelzung · Der Laser als Waffe · Die räumliche Abbildung von Atomen · Gezielte Erbveränderungen

Nur zögernd überläßt der Autor sein zweites Romankapitel dem nüchternen Urteil des Naturwissenschaftlers. Hat ihn sein jüngst erworbenes Wissen allzu kühn gemacht? Hat er dem Licht von morgen Unsinniges abverlangt, und werden seine gewagten Vorstellungen kopfschüttelnd in das Reich des Phantastischen verwiesen?

»Der Physiker ist von diesen Visionen so überrascht, daß er seinerseits zögert, sich dazu zu äußern. Er fühlt sich geradezu herausgefordert, weil er sich mit einemmal Konsequenzen gegenübersieht, die er nie auszudenken wagte. Auch wenn er insgeheim manchmal weiter vorausdachte, als es die ihm auferlegte sachliche Zurückhaltung hätte zulassen dürfen, so weit stieß er nie vor. Er hätte dazu den sicheren Grund festgefügten Wissens verlassen und sich mit Spekulationen abgeben müssen, die ihm in seiner auf ganz reale Ziele ausgerichteten Tagesarbeit absurd erschienen wären. Deshalb ist er spontan geneigt, derartige Gedankengebilde als Utopien abzutun. Aber je mehr er darüber nachsinnt, um so eher ist er bereit einzuräumen, daß sie keineswegs grundlos sind. Bis auf die utopische Annahme, daß eines Tages auf der Erde Signale von anderen Vernunftwesen aufgefangen werden. Das ist das einzig wirklich Romanhafte an Ihren futuristischen Vorstellungen. Alles andere läßt sich zumindest denken und zum Teil sogar schon als mögliche Zukunftsentwicklung physikalisch-technisch erklären.

Sollten wir wirklich einmal über Mikrowellen Kunde von einem anderen bewohnten Stern erhalten und aus den aufgefangenen Zeichen dessen Standort ermitteln können, dann würde man ganz gewiß versuchen, mit Lasersignalen zu antworten, weil das gebündelte

Laser-Koagulator zur Behandlung von Netzhautablösungen: a) Steuerpult b) Beobachtungsmikroskop c) Laser-Netzgerät d) Leistungsregler e) Laserquelle f) Leistungsanzeige g) Kopfhalterung. (Seite 150 ff.)

Laserlicht einen viel dichteren Informationsfluß zuläßt als Mikrowellen. Die Gründe haben Sie selbst richtig genannt. Aber vorerst ist man noch weit davon weg, einen so leistungsfähigen Lasersender bauen zu können, daß sich damit eine Entfernung von dreißig Lichtjahren überwinden läßt. Man kennt zwar das Prinzip, aber man beherrscht solche Dimensionen noch nicht.

Weit entfernt sind die Physiker und Techniker auch von der Vorstellung eines Röntgenlasers, der es gestatten würde, über die Holographie atomare Strukturen sichtbar und manipulierbar zu machen. Man hat leider noch keine Ahnung, wie man einen Laser mit so extrem kurzen Wellenlängen entwickeln könnte. Aber daß es ihn eines Tages geben wird, ist durchaus denkbar.

Am wenigsten utopisch sind Ihre Überlegungen, Laserlicht in der Medizin anzuwenden. In Tierversuchen werden Laserstrahlen schon seit einigen Jahren mit Erfolg erprobt, und es gibt auch in der Humanmedizin einen Bereich, in dem sich der Laser in vielen Fällen als ausgezeichnetes ärztliches Instrument bewährt hat: Etliche Augenärzte behandeln Netzhautablösungen heute mit Laserstrahlen.

Sie wissen, daß die Netzhautablösung eine sehr heimtückische Erkrankung ist, die in wenigen Tagen zu totaler Blindheit führen kann. Sie ist auch eine der häufigsten Ursachen der Erblindung. Die Ophthalmologen schätzen, daß in dreißig von hundert Fällen eine Netzhautablösung dazu führt. Dabei sind es vor allem ältere Menschen mit starker Kurzsichtigkeit, bei denen diese Gefahr besteht.«

»Wie kommt es eigentlich zu einer Netzhautablösung?«

»Das läßt sich sehr einfach erklären: Die Netzhaut, die den gallertartigen Glaskörper im Inneren des Auges umschließt, liegt auf der Aderhaut, von der sie ernährt wird, verhältnismäßig lose auf. Der Glaskörper ist in seiner Struktur von dünnen Fäden durchzogen, die in einem gewissen Alter an der Netzhaut angreifen und eine Zugspannung ausüben können. Diese Zugspannung kann so groß werden, daß die Netzhaut mit den Sehzellen an irgendeiner Stelle von der Aderhaut abgehoben wird und reißt. Durch den anfangs nur sehr kleinen Riß dringt dann etwas von der Glaskörpermasse ein, und die Netzhaut wird allmählich immer mehr abgelöst. An den Stellen, an denen sie nicht mehr auf der Aderhaut aufliegt, schwindet sofort die Sehkraft. Und wenn die abgelöste Netzhaut von der Aderhaut nicht mehr ernährt wird, sterben die Sehzellen ab.«

»Wie macht sich der Beginn einer Netzhautablösung bemerkbar?«
»Durch ganz eigenartige Lichtblitze oder Sterne, die man zu sehen glaubt, sobald die ersten Spannungen auftreten. In dem Augenblick, in dem sich die Netzhaut dann abzuheben beginnt, schwindet in einem bestimmten Teil des Gesichtsfeldes plötzlich die Sehschärfe; die Gegenstände, die das Auge wahrnimmt, erscheinen wolkig und unscharf. Wenn im nächsten Stadium die Sehzellen absterben, läßt auch das Helligkeitsempfinden stark nach, bis man am Ende gar nichts mehr sieht. Besonders kraß wird dieser Vorgang empfunden, wenn sich die Netzhaut genau an der Stelle ablöst, die man als Gelben Fleck oder in der Fachsprache als Macula lutea bezeichnet. Denn das ist die einzige Stelle, an der das Auge wirklich scharf sieht. In allen anderen Bereichen der Netzhaut werden Gegenstände nur unscharf wahrgenommen. Daß man dennoch glaubt, im ganzen Gesichtsfeld scharf zu sehen, liegt daran, daß das Gehirn die Eindrücke, die entstehen, wenn das Auge einen Gegenstand zunächst rasch abtastet, speichert und auch dann reproduziert, wenn das Auge schließlich nur noch einen Punkt des Gegenstandes fixiert.«
»Und wie kann man der Netzhautablösung mit Laserstrahlen begegnen?«
»Indem man im frühest möglichen Stadium, wenn sich erst ein kleiner Teil abgelöst hat, die Netzhaut an den Rändern des Risses mit einem feingebündelten Laserstrahl von einem Zehntelmillimeter Durchmesser punktförmig auf der Aderhaut festschweißt. Durch das Laserlicht, das sich in seiner Energie und in seiner Dauer genau dosieren läßt und das man auch exakt auf die entsprechenden Stellen richten kann, erwärmen sich die Netzhaut und die darunterliegende Aderhaut so, daß das Gewebe-Eiweiß wie bei einer kleinen Brandwunde verklebt. Die Ärzte sprechen von einer Koagulation, durch die eine feste Verbindung zwischen Netz- und Aderhaut hergestellt wird.
Durch ein Mikroskop kann der Arzt die Laserkoagulation genau verfolgen. Er legt um die abgelöste Stelle einen Kranz von winzigen Schweißpunkten, die dann rasch abheilen. Der ganze Vorgang ist völlig unblutig und schmerzlos.«
»Aber an den Schweißpunkten muß doch die Sehkraft auch verlorengehen, denn an diesen Stellen werden die Sehzellen zwangsläufig zerstört.«
»Das ist schon richtig, aber der Verlust ist so gering, daß er gar nicht

»Der wesentliche Vorzug des Laserskalpells ist vermutlich der, daß es absolut aseptisch arbeitet. Es können also keine Wundinfektionen durch das Operationsbesteck auftreten.«

»Nicht nur das. Es können auch keine Keime und keine bösartigen Zellen verschleppt werden. Daher kann es nicht zu Metastasen kommen, weil die Zellen im Operationsfeld völlig zerstört oder besser aufgelöst werden. Das ist besonders wichtig bei krebsartigen Geschwülsten, die es zu entfernen gilt. Wenn der Chirurg mit dem Messer operiert, besteht immer die Gefahr, daß abgetrennte Zellen in den Blutkreislauf gelangen und dadurch neue Krankheitsherde entstehen. Das wird mit dem Laserskalpell von vornherein verhindert.

Man kann schließlich beinahe von einer unblutigen Operation sprechen, da sich alle kleineren Blutgefäße, wenn der Laserstrahl sie durchtrennt, sofort schließen. Durch die Wärme verkleben sie an den Schnittenden. Bei größeren Gefäßen, die bei der Durchtrennung zunächst offenbleiben, kann der Operateur mit wenigen Laserstrichen die Endöffnungen ebenfalls schließen. Daher bleibt das Operationsfeld nahezu trocken, es wird nicht von Blut überschwemmt und ist in allen Details übersehbar wie die Abbildungen in medizinischen Lehrbüchern.

Bei großen Operationen, bei denen der Brustkorb oder die Bauchhöhle eröffnet werden muß, kann der Operateur, der mit dem Messer arbeitet, oft nur durch Tasten feststellen, wo sich die einzelnen Organe befinden, weil die Körperhöhlen voll Blut sind. Wenn er alles genau übersehen kann, ist natürlich das Operationsrisiko erheblich geringer. Ganz abgesehen davon, daß bei einer Operation mit dem Laserskalpell so gut wie kein Blutverlust auftritt. Das ist für den Patienten nicht unbedeutend.«

»Alle diese Vorteile führen vermutlich dazu, daß künftig viele Patienten ambulant behandelt werden können, die heute längere Zeit in der Klinik liegen müssen, um den Blutverlust zu überwinden und um vor Wundinfektionen und Nachblutungen bewahrt zu werden. Man braucht nur an einfache Mandeloperationen zu denken, bei denen der Eingriff harmlos ist im Vergleich mit der Gefahr der Nachblutung.«

»Ich glaube, daß sich mit der Einführung des Laserskalpells vieles ändern wird. Es werden nur noch Patienten, bei denen schwerere Eingriffe vorgenommen werden müssen, Wochen und Monate in den

Krankenhäusern verbringen. Deshalb wird es kaum noch eine Bettennot geben. Aber die größte Hilfe wird das Laserskalpell älteren Menschen bringen, die der Chirurg heute oft deshalb nicht zu operieren wagt, weil er die schlimmen Auswirkungen einer langen Liegezeit fürchtet.«

»Glauben Sie, daß man in Zukunft nur noch mit dem Laserskalpell operieren wird?«

»Ich bin sicher, daß man es in vielen Fällen verwenden wird, aber nicht als einziges Operationsinstrument. Man wird im Laserskalpell eine zusätzliche Möglichkeit sehen, so wie man im elektrischen Skalpell eine zusätzliche Möglichkeit sah, ohne daß man auf das Messer verzichtete. Jede Methode hat ihre Vorzüge und keine vermag die andere ganz zu ersetzen. So hat das Messer den Vorzug des raschen Eingriffs, denn ein Schnitt läßt sich schneller machen als eine Eröffnung mit dem Laserskalpell, bei der das Gewebe eine bestimmte Zeit braucht, bis es verdampft. Außerdem heilen erfahrungsgemäß glatte Schnittwunden am raschesten und sie hinterlassen auch die unauffälligsten Narben.

Man wird also das Laserskalpell mit dem normalen Skalpell kombinieren, indem man zum Beispiel das schwachblutende äußere Haut- und Lederhautgewebe mit dem Messer durchtrennt und erst dann das Laserskalpell ansetzt.«

»Wird man, abgesehen von der Überlegung, welche Methode in welchem Fall die geeignetere ist, mit dem Laserskalpell Operationen ausführen können, an die man sich bisher mit dem Messer nicht heranwagen konnte?«

»Ganz sicher sogar. Ich kann mir zum Beispiel vorstellen, daß es mit dem Laserskalpell gelingt, die Leber zu operieren, die bis jetzt immer als inoperabel galt. Sie ist ein so reichdurchblutetes Organ, daß ein Messerschnitt unweigerlich zum Verbluten führt. Bei einer Operation mit dem Laserskalpell ist die Blutung unvergleichlich geringer, deshalb können die Trennstellen abheilen. Solange ständig und stark Blut fließt, kann kein Heilungsprozeß einsetzen. Das ist der Grund, weshalb man die Leber bisher nicht operieren konnte.

Man kann zwar auch mit dem elektrischen Skalpell die Blutung weitgehend zurückdrängen, weil bei diesem Operationsverfahren ebenfalls so viel Wärme entsteht, daß sich die Gefäße schließen. Aber das elektrische Skalpell hat einen entscheidenden Nachteil: Das Hochfrequenzfeld, das an dem als Drahtschleife ausgebildeten

Skalpell entsteht, dringt bei einem so schwammigen Gewebe wie dem der Leber sofort sehr tief ein und verschmilzt einen verhältnismäßig großen Teil des Gewebes, ohne daß sich eine klare Trennfläche bildet. Es bleibt eine unförmige Schmorwunde zurück, die nicht mehr abheilen kann. Damit ist mehr verloren als gewonnen.
Beim Laserskalpell dagegen ist die momentane Eindringtiefe auf weniger als einen Zehntelmillimeter beschränkt. Der Operateur kann deshalb durch langsames und behutsames Aufundabstreichen eine Trennfläche schaffen, die fast so glatt ist wie bei einem Messerschnitt. Dabei verkleben die Blutgefäße nur an ihren äußersten Enden und sie können, wenn das krankhafte Gewebe entfernt ist, ohne weiteres wieder zusammenwachsen. Auf diese Weise lassen sich lebensbedrohende Leberschäden, denen man heute im äußersten Notfall nur durch eine höchst riskante Transplantation begegnen kann, künftig operativ beheben.
Was diese Möglichkeit bedeutet, ist aus einer nüchternen Zahl zu ermessen: Allein in der Bundesrepublik leiden etwa eine Million Menschen an Lebererkrankungen; darunter sind nicht wenige mit schweren und schwersten Leberschäden.«
»Halten Sie es für möglich, daß man mit dem Laserskalpell auch Herzoperationen vornehmen kann?«
»In Tierversuchen sind solche Operationen bereits mit Erfolg erprobt worden. Es ist daher sehr wahrscheinlich, daß sie über kurz oder lang auch in die Humanchirurgie übernommen werden. Natürlich wird man – das gilt für alle Operationen – nichts übereilen und die neue Methode erst dann allgemein anwenden, wenn sie sich als absolut sicher erwiesen hat. Aber es besteht kein Zweifel, daß sie einen großen medizinischen Fortschritt bringen wird.«
»So wie man in der allgemeinen Chirurgie einen scharfgebündelten Laserstrahl als Skalpell verwenden kann, mit dem sich Körpergewebe durchtrennen und abtragen lassen, so wird man vermutlich in der Neurochirurgie den Laserstrahl auch als Nadel verwenden können, um damit gestörte Nervenzentren zu behandeln.«
»Zur Zeit sind es sogar in erster Linie die Neurochirurgen, die sich für dieses neuartige Operationsinstrument interessieren, denn bei den meisten Gehirnoperationen geht es darum, in sehr kleine Bereiche einzugreifen, die dazu noch in der Tiefe des Gehirns liegen. Um zum Beispiel jene Zentren ausschalten zu können, von denen psychische Störungen ausgehen wie Depressionen oder Schmerz-

 Die obere Aufnahme zeigt einen Prostata-Lappen nach der Entfernung eines Tumors mit einem Neodym-Laser von 25 Watt Leistung. Auf dem unteren Bild sind die stark vergrößerten Rückstände eines mit dem gleichen Laser zertrümmerten Harnleitersteins (Calcium-Oxalat) zu sehen. (Seite 153 ff.)

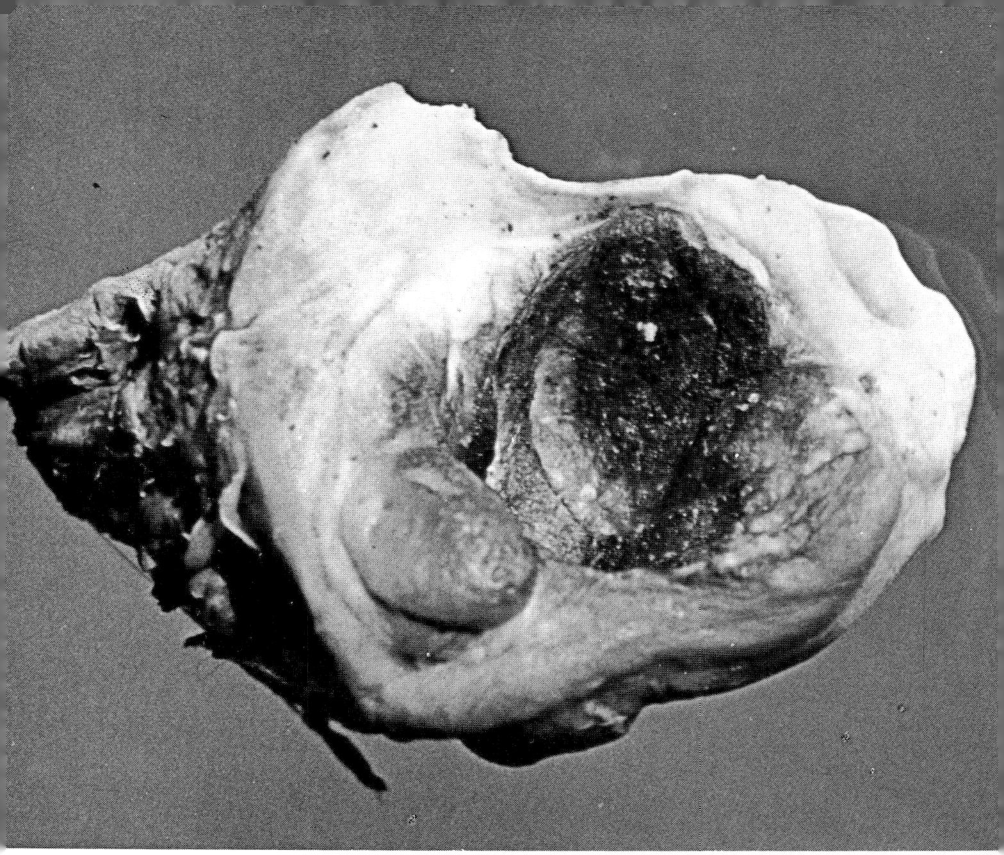

empfindungen, die nicht organischen Ursprungs sind, bedarf es eines besonders feinfühligen Instruments, mit dem man millimetergenau arbeiten kann. Das gleiche gilt für die Beseitigung von Gehirntumoren. Hier bietet sich die Lasernadel geradezu von selbst an, weil man sie minuziös gezielt und dosiert einsetzen kann.«

»Vorausgesetzt, daß man die Störungszentren genau kennt.«

»Die kennt man heute ziemlich genau. Es gibt regelrechte Gehirn-Atlanten, auf denen zumindest die wesentlichen Zentren der motorischen, sensorischen, intellektuellen und psychischen Funktionen geometrisch fixiert sind. Dem Gehirnchirurgen stehen außerdem Schablonen zur Verfügung, mit deren Hilfe er ein gestörtes Zentrum exakt lokalisieren kann.

Wenn der Neurochirurg künftig statt eines mechanischen Instruments die Lasernadel ansetzt, um das gestörte Zentrum auszuschalten, nützt er die gleichen Vorzüge wie der allgemeine Chirurg: Er braucht keine Blutungen zu fürchten, die im Gehirn sehr bedenklich sein können, und er braucht auch keine Sorge zu haben, daß er durch einen mechanischen Druck die Gehirnmasse schädigt.

Er kann die Lasernadel auch zur Eröffnung der Schädeldecke verwenden, indem er, ohne sie zu berühren, einfach ein Stück herausschweißt, um sich das Operationsfeld zugänglich zu machen.«

»Aber besteht nicht auch bei der Operation mit der Lasernadel die Gefahr, daß der Operateur, wenn er ein gestörtes Zentrum in der Tiefe des Gehirns ausschalten will, auf dem Weg dahin gesunde Nervenzellen schädigt und damit unter Umständen bestimmte Gedächtnisinhalte auslöscht?«

»Diese Gefahr ist überraschenderweise auch bei Operationen mit mechanischen Instrumenten sehr gering, weil das Gehirn offenbar nicht so organisiert ist, daß die einzelnen Informationen jeweils nur an einer Stelle gespeichert sind. Man kann ohne weiteres Teile eines Funktionsbereichs durchtrennen oder entfernen, ohne daß sich das beim Patienten nach der Operation in erkennbarer Weise bemerkbar macht. Um ein banales Beispiel zu nennen: Auch wenn bei einer Operation ein Teil des für das Gedächtnis zuständigen Funktionsbereichs durchtrennt oder entfernt wird, beherrscht der Patient nach wie vor das Einmaleins. Man ist fast versucht, die Speicherorganisation des Gehirns mit der eines Hologramms zu vergleichen, auf dem, wie Sie sich erinnern, die einzelnen Informationen vielfach festgehalten sind.«

Materialbearbeitung mit Laserlicht: Abgleichung eines Widerstandes in einer gedruckten Schaltung. (Seite 208 ff.)

»Sie sprachen bisher nur von Gehirnoperationen. Der Neurochirurg wird die Lasernadel sicher auch bei Rückenmarksoperationen anwenden können.«

»Natürlich. Und zwar hilft sie ihm, auf sehr elegante und schonende Weise die Rückenwirbel bloßzulegen, weil sich unter dem Laserlicht das Fleisch wie von selbst vom Wirbelknochen ablöst. Der Strahl dringt dann auch mühelos durch den Wirbel in den Rückenmarkskanal bis zu der gestörten Nervenbahn.«

»Sie haben einige Male erwähnt, daß diese oder jene Laseroperationen an Tieren bereits erprobt wurden. Inwieweit wendet man die Lasermethode auch schon bei Menschen an?«

»Da der Laser bis auf die Augenmedizin vorerst noch ein Instrument der medizinischen Forschung ist, vermag ich nicht zu sagen, was in jüngster Zeit schon alles versucht worden ist. Auf den internationalen Kongressen über Elektromedizin, bei denen es auch speziell um die Laseranwendung in der Medizin geht, berichten die Ärzte noch vorwiegend von Tierversuchen. Aber ich habe den Eindruck, daß man auf einigen Gebieten bereits über dieses Stadium hinaus ist. Jedenfalls sind die in der Forschung tätigen Mediziner übereinstimmend der Meinung, daß Laseranlagen schon in den nächsten Jahren zur selbstverständlichen Einrichtung moderner Operationssäle gehören werden.«

»Und wie stellen Sie sich die Anwendung von Laserstrahlen in der Zahnmedizin vor? Sie erinnern sich an die romanhafte Schilderung einer Praxis der Zukunft.«

»Ich glaube, daß das, was Sie in dem Zahnbehandlungsraum beschrieben haben, gar nicht so weit entfernt ist. Theoretisch wären diese Dinge alle heute schon möglich. Es sind bereits auch etliche Laborversuche unternommen worden, die gezeigt haben, daß sich das Zahnmaterial mit einem Laserstrahl sehr gut bohren und abtragen läßt. Auch hier ist die geringe momentane Eindringtiefe von Vorteil, weil der Patient während der Behandlung kaum etwas von Wärme spürt.

Die Möglichkeit, mit scharfgebündeltem Laserlicht Risse im Zahnschmelz zuzulöten, ist ebenfalls experimentell untersucht worden. Vorläufig fehlt aber noch ein geeignetes Material, aus dem man den dazu erforderlichen Löt- oder Schmelzdraht herstellen kann. Dieses Material muß, wie Sie ganz richtig vermuten, zugleich plastische und keramische Eigenschaften haben. Wenn die Chemiker hören, daß

der Laser auch allmählich in die Zahnarztpraxis Eingang findet, werden sie sicher bald ein geeignetes Material entwickeln, das dann auch in allen Zahnfarben geliefert werden kann.
Die Laserschmelztechnik selbst ist denkbar einfach. Der Zahnarzt kann einen Riß oder ein kleines Loch viel müheloser und rascher zuschmelzen als plombieren. Deshalb wird dieses Verfahren in kurzer Zeit sehr weit verbreitet sein. Vielleicht ist es schon in naher Zukunft üblich, daß man die regelmäßigen Kontrolluntersuchungen bei Schulkindern mit einer nur Minuten dauernden Schmelzbehandlung verbindet, um möglichst früh einer Karies zu begegnen.«
»Für die operative Seite der Zahnmedizin gilt vermutlich das gleiche, was Sie allgemein über das Operieren mit Laserstrahlen sagten.«
»Natürlich wird man auch bei Wurzel- und Kieferbehandlungen den Laserstrahl zu Hilfe nehmen. Neben den bereits genannten Vorzügen ist es für den Zahnarzt sehr angenehm, wenn er für alles nur ein einziges Instrument braucht. Er kann damit bohren, abtragen, schmelzen und operieren, ohne daß sein Handstück irgendwann mit dem Patienten in unmittelbare Berührung kommt. Und für den Patienten hat das sicher auch eine psychologische Wirkung: Er hat nicht mehr das gefürchtete und schon beim Anblick schmerzende Instrumentarium vor sich.
Eine Kleinigkeit haben Sie allerdings in Ihrer keineswegs mehr futuristisch anmutenden Schilderung vergessen: Der Patient wird vermutlich während der Behandlung eine Nasenklammer aufgesteckt bekommen. Denn einen Nachteil hat die Laserbehandlung: Beim Verdampfen von Zahnmaterial, von Haut, Fleisch oder Knochen entsteht ein unangenehmer Geruch, der an eine Hufschmiede erinnert. Man kann zwar an dem Laserhandstück eine Absaugdüse anbringen, aber ganz wird sich dieser Geruch nie vermeiden lassen. Darin erweist sich eine eigentümliche Ironie des Fortschritts: Es ist manchmal leichter, etwas verblüffend Neues und Praktisches zu schaffen, als die damit verbundenen lästigen Nebenerscheinungen zu beseitigen.«
»Daß der Zahnarzt künftig neben dem Laser für die Behandlung auch noch einen Laser für Hologramm-Aufnahmen hat, ist wohl nicht so abwegig.«
»Wenn der Laser generell Eingang in die Medizin und damit auch in die Zahnmedizin gefunden hat, spielt es kaum noch eine Rolle, wie-

viele Laserquellen in einer Praxis installiert werden. Man wird in ihnen keinen größeren Aufwand sehen als in den Speziallampen, die die Ärzte heute verwenden. Da sich auch der Zahnarzt sehr rasch mit der Lasertechnik vertraut machen wird, wäre es geradezu unverständlich, wenn er sie nicht voll ausnützen würde. Mit dem Hologramm, das er mit einer festinstallierten Holokamera vom Gebiß des Patienten aufnimmt, kann sein Techniker eine Krone, eine Brücke oder eine Spange auf Bruchteile von Millimetern genau anfertigen und auch einpassen, weil er seine Arbeit ständig am naturgetreuen Abbild des Gebisses kontrollieren kann. Wenn der Zahnarzt dann die Krone oder die Brücke einsetzt, braucht er keine Korrektur mehr vorzunehmen.«

»Und was halten Sie von der Vorstellung, daß sich der Zahnarzt in Zukunft eines Ultraschall-Hologramms bedient, um das Zahnbett des Patienten zu untersuchen? Ich bin dabei einfach von der Überlegung ausgegangen, daß sich in ähnlicher Weise wie Lichtwellen vielleicht auch Schallwellen fixieren lassen, aus denen man die Beschaffenheit eines Gegenstandes erkennen kann.«

»Diese Überlegung ist völlig richtig. Das Prinzip, Wellenkonfigurationen zu speichern, ist keineswegs ausschließlich an Lichtwellen gebunden. Im Grunde kann man alle Wellenformen holographisch festhalten, Mikrowellen, Radiowellen, Schallwellen und selbst Wasserwellen genauso wie Lichtwellen.

Wenn man eine dieser Wellenarten auf einen Gegenstand auftreffen und die zurückgeworfenen Wellen sich wie bei der Laser-Holographie mit einer einförmigen Bezugswelle überlagern läßt, erhält man, ganz gleich in welchem Medium sich die Wellen fortpflanzen, eine Wellenkonfiguration, die charakteristisch für den Gegenstand ist. Bei Mikrowellen kann man diese Wellenkonfiguration direkt mit elektrischen Meßgeräten abtasten, weil die Abstände der verstärkten oder ausgelöschten Wellenberge und Wellentäler entsprechend groß sind; es können Zentimeter- oder Dezimeterabstände sein. Auch Radiowellen lassen sich prinzipiell mit Meßgeräten festhalten, aber das hat wenig Sinn, denn bei diesen Wellen variieren die Abstände der interferierenden Berge und Täler zwischen Metern und Kilometern, je nachdem ob es sich um Ultrakurzwellen, Kurzwellen, Mittelwellen oder Langwellen handelt. Wasserwellenkonfigurationen ließen sich, wenn man es aus irgendeinem Grund wollte, ganz einfach photographisch festhalten.

Bei Schallwellen verwendet man Mikrophone, durch die die akustischen Wellen in elektrische Signale umgewandelt werden. Diese elektrischen Signale kann man dann entweder auf einem Magnetband speichern, oder man kann sie wie beim Fernsehen in Lichtsignale umformen. Würde man allerdings diese Lichtsignale direkt auf einen Bildschirm bringen, dann könnte man noch nicht den Gegenstand sehen, sondern lediglich das für ihn charakteristische Interferenzmuster. Deshalb hält man die aus den Ultraschallwellen geformten Lichtsignale auf einer Photoplatte fest, die man dann, um den Gegenstand sichtbar zu machen, mit Laserlicht beleuchtet.«

»Wie kurzwellig müssen denn die Ultraschallwellen für ein verwertbares Hologramm sein?«

»Ihre Wellenlänge muß in jedem Fall klein genug sein, um eine brauchbare Auflösung zu erhalten. Würde man zum Beispiel normale Schallwellen verwenden, dann entstünde kein Bild, aus dem man irgend etwas ersehen könnte, weil die Auflösung viel zu gering ist. Beim Ultraschall reichen die Wellenlängen von Zehntel- über Hundertstel- bis zu Tausendstelmillimetern. Man kann also mit Ultraschallwellen an die Auflösung von Lichtwellen herankommen. Aber das ist für den Zweck, den der Zahnarzt verfolgt, gar nicht notwendig. Bei seinem Ultraschallsender genügen Wellenlängen von einigen Hundertstelmillimetern, um ein deutliches Abbild des Zahnbetts zu erhalten. Diese Wellenlängen entsprechen immerhin einer Frequenz von hundert Megahertz, also von hundert Millionen Schwingungen pro Sekunde.

Daß der Zahnarzt überhaupt Ultraschallwellen und nicht Lichtwellen für das Zahnbett-Hologramm verwendet, hat einen guten Grund: Mit Lichtwellen würde er nur ein Bild der Zahnfleisch-Oberfläche bekommen; die Ultraschallwellen dagegen liefern ihm ein räumliches Bild von der inneren Struktur des Zahnbetts, weil sie im Unterschied zu den Lichtwellen tief in das Gewebe eindringen und seinen Aufbau abtasten.«

»Wie unterscheidet sich das Ultraschallbild vom Röntgenbild, abgesehen davon, daß es räumlich ist?«

»Das Röntgenbild hebt im wesentlichen den Zahn und seine Wurzel von dem ihn umgebenden Gewebe ab, ohne die Struktur des Gewebes erkennen zu lassen. Das Ultraschallbild dagegen zeigt deutlich alle Einzelheiten des Gewebes. Der Zahnarzt kann genau erkennen, in welchen Bereichen das Gewebe gesund und fest ist, wo sich Eiter-

stoff momentan so erhitzt, daß er sich sofort zersetzt. Damit ist seine Farbwirkung aufgehoben. Ganz gleich, welche Flächen die Tätowierung bedeckt, sie läßt sich mit diesem raschen, schmerzlosen und völlig unblutigen Verfahren beseitigen.
Sie werden vielleicht sagen, daß diese Möglichkeit der kosmetischen Korrektur keine allzu große Bedeutung hat. Aber übersehen Sie nicht, daß es eine ganze Reihe von Menschen, vor allem von jungen Menschen gibt, die sich irgendwann in irgendeiner Situation haben tätowieren lassen und die später darunter leiden, weil sie merken, daß man sie im wahren Sinn des Wortes für Gezeichnete hält. Tätowierungen sind ja wirklich oft so etwas wie ein Kastenzeichen, das man sich in einer bestimmten Lebensphase aufprägen läßt, ohne zu bedenken, daß man es eines Tages wie ein Kainszeichen zu tragen hat. Besonders unangenehm ist es für Mädchen, wenn ihnen eine Jugendtorheit unauslöschbar auf den Körper geschrieben ist.«
»Wenn man Tätowierungen beseitigen kann, dann müssen sich doch auch störende Sommersprossen, Leberflecken und Muttermale entfernen lassen, oder ist es schwieriger, natürliche Pigmente in der Haut aufzulösen?«
»Keineswegs. Man kann dazu das gleiche Verfahren anwenden, man muß nur die passende Lichtwellenlänge ausfindig machen, bei der sich die natürlichen Farbstoffe zersetzen. Sommersprossen und Altersflecken sind ja nichts anderes als Pigmentanreicherungen.
Bevor die Laserbehandlung in der kosmetischen Medizin allgemein eingeführt wird, muß natürlich sichergestellt sein, daß die zersetzten Pigmente durch den Stoffwechsel so abgebaut werden, daß keine unliebsamen oder gar schädigenden Nachwirkungen auftreten. Das ist zunächst noch eine Frage, die die medizinische Forschung klären muß. Aber wenn sich herausstellt, daß diese Art der Laserbehandlung völlig gefahrlos ist, wird sich für die kosmetische Medizin ein weites Feld öffnen, denn wer hat nicht irgendwo am Körper einen kleinen Hautmakel, von dem er sich gern befreit sähe?
Da Sie auch Leberflecken und Muttermale erwähnten: Die zu beseitigen ist ein anderes Problem, denn hier handelt es sich nicht nur um störende Pigmenteinlagerungen, sondern um Hautdeformationen. Bei erhabenen Leberflecken und Muttermalen ist das Oberhaut-Zellgewebe anomal ausgebildet. Um sie zu entfernen, genügt es nicht, den Farbstoff zu zersetzen; man muß in jedem Fall das anomale Zellgewebe abtragen. Das wird heute so gemacht, daß die dun-

kelgefärbten Stellen mit einer Schleifscheibe abgeschliffen werden, damit neue, normale Zellen nachwachsen können. Der Patient muß sich einer regelrechten Operation unterziehen, die nur unter Narkose vorgenommen werden kann, weil sie sonst zu schmerzhaft wäre. Es ist auch keine ganz einfache Operation, denn der Chirurg muß peinlich darauf achten, daß er wirklich nur die Oberhaut abträgt. Würde er dabei die tieferliegenden Hautschichten verletzten, dann entstünden unschöne Narben, mit denen nicht viel gewonnen wäre.

Mit Laserlicht ließe sich so eine Operation sehr viel schonender und vor allem unbedenklich vornehmen, weil man die Lichtwellenlänge wiederum so wählen kann, daß der Laserstrahl nur in einer ganz dünnen Schicht angreift. Außerdem flösse dabei kein Blut, der Operateur könnte also in jedem Augenblick darauf bedacht sein, daß nur die anomalen Zellen verdampft werden. Das ist, wie gesagt, äußerst wichtig. Es ist so ähnlich wie bei einer Verbrennung: Wird nur die Oberhaut verbrannt, dann bildet sich unter der Brandblase eine völlig normale neue Haut; reicht die Verbrennung aber tiefer, dann bleibt eine Narbe zurück.

Wenn der Laser eines Tages ein selbstverständliches medizinisches Instrument geworden ist, wird man vermutlich noch ganz andere kosmetische Korrekturen ins Auge fassen. Es ist ohne weiteres denkbar, daß sich mit Laserlicht auch störende Haare entfernen lassen, und zwar so, daß sie nie mehr nachwachsen. Bis jetzt ist das nicht so leicht, man muß auf operativem Weg jede einzelne Haarwurzel zerstören. Man macht das so, daß man eine feine Nadel am Haarschaft entlang bis zur Haarwurzel in die Haut einführt und dann einen Strom durchschickt, durch den die Wurzel zerstört wird. Diese elektrolytische Enthaarung ist sehr langwierig und höchst unangenehm, weil man viele Nadelstiche über sich ergehen lassen muß und auch die Stromwirkung deutlich spürt. Außerdem besteht bei dieser Methode die Gefahr, daß beim Einführen der Nadel Bakterien unter die Haut gelangen, die zu Entzündungen führen können.

Würde man statt des elektrischen Stroms Laserlicht verwenden, dann müßten wohl einige Vorbereitungen getroffen werden, aber man käme mit diesem Verfahren gewiß rascher und einfacher zum Ziel. Eine Laser-Enthaarung ist zwar noch nicht versucht worden, aber man kann sie sich etwa folgendermaßen vorstellen: Die unwillkommenen Haare werden zunächst auf eine bestimmte Länge abge-

kabel zusammen. Das können mehrere Hunderttausend Fasern sein, je nachdem, welche Lichtleistung übertragen werden soll.
Um normales Licht durch Fasern leiten zu können, muß man verhältnismäßig dicke Kabel verwenden, weil sich normales Licht nicht so bündeln läßt, daß man die ganze Lichtleistung auf die Endfläche eines dünnen Kabels richten kann. Mit Laserlicht ist das möglich. Aber da meistens größere Leistungen übertragen werden sollen und die Belastbarkeit der einzelnen Fasern beschränkt ist, greift man auch beim Laserlicht im allgemeinen zu dickeren Kabeln.«
»Warum ist die Belastbarkeit der Glasfasern beschränkt?«
»Weil sich Licht nie verlustlos durch Glas leiten läßt. Glas ist ja kein ideal durchsichtiger oder durchlässiger Körper. Neben den Atomen, die Licht durchlassen, sind darin auch immer solche enthalten, die Licht absorbieren. Bei einer dünnen Glasscheibe kommt das kaum zur Geltung; bei einer dicken Scheibe jedoch macht sich der Lichtverlust deutlich bemerkbar. Man erkennt das, wenn man durch eine dicke Scheibe durchschaut: Sie ist nicht mehr ganz farblos und transparent. Eine Glasfaser entspricht in ihrer Länge einer ungewöhnlich dicken Glasplatte, und je länger sie ist, um so größer ist der Lichtverlust. Da man weiß, daß es in erster Linie die im Glas enthaltenen Eisenatome sind, die Licht absorbieren, versucht man für Leitfasern Glaschargen zu erschmelzen, die einen möglichst geringen Eisengehalt haben. Dennoch ist der Lichtverlust bei den Fasern, die man heute herstellen kann, so groß, daß bei einem Meter Länge nahezu die Hälfte der eingespeisten Leistung verlorengeht, wobei das absorbierte Licht in Wärme umgesetzt wird.«
»Dann ist das Lichtkabel offenbar für Laserlicht kein geeignetes Übertragungsmedium?«
»Beim Laserlicht läßt sich der Verlust reduzieren, wenn man mit Licht im nahen Infrarotbereich arbeitet. Er hängt nämlich von der Wellenlänge des Lichts ab. Besonders groß ist er im sichtbaren Lichtbereich; im nahen Infrarot ist er nur halb so groß. Das heißt, bei einem Kabel von einem Meter Länge geht nur ein Viertel der Eingangsleistung verloren.«
»Ist das nicht trotzdem noch zuviel, um Laserlicht auf diese Weise sinnvoll zu übertragen? Gerade beim Laserlicht soll doch die Leistung möglichst erhalten bleiben.«
»Das kommt auf den Anwendungszweck an. Für den Zahnarzt spielt es kaum eine Rolle, wenn durch das Lichtkabel, das sein

Handstück mit der Laserquelle verbindet, ein Viertel der Leistung verlorengeht. Man steckt eben von vornherein mehr Leistung hinein. Es macht auch überall da nicht viel aus, wo man die starke Bündelungsfähigkeit des Laserlichts nicht voll ausnützen muß, denn der Lichtverlust wird erst dann richtig spürbar, wenn man den scharfgebündelten Strahl zur Übertragung durch ein vielfaseriges Kabel zunächst aufweiten und dann am anderen Ende wieder bündeln muß. Es ist leider nicht so, daß sich das Licht in den nebeneinanderliegenden Fasern so gleichmäßig fortpflanzt, wie es aus dem Laser herauskommt und wie man es am anderen Ende des Kabels braucht. Das läßt sich auch nicht mit einer einfachen Linse korrigieren. Je dicker das Kabel ist, um so mehr geht an Bündelung verloren. Aber für den Zahnarzt, der das Laserlicht ja nicht auf einen Tausendstel-, sondern höchstens auf einen Zehntelmillimeter gebündelt haben muß, bedeutet das keine fühlbare Einschränkung.
Problematischer ist es, den Laserstrahl, den der Chirurg für größere Operationen braucht, durch ein Lichtfaserkabel zu leiten, denn hier geht es um sehr viel höhere Leistungen. Je mehr Leistung man überträgt, um so mehr Wärme entsteht durch die unvermeidliche Lichtabsorption. Die Wärme wird schließlich so groß, daß das Klebemittel, mit dem die vielen Glasfasern an den Kabelenden verkittet sind, verbrennt. Mehr als hundertzwanzig Grad Celsius vermag der Kitt nicht auszuhalten. Man muß also für Laserlicht hoher Leistung besondere Kabel entwickeln, bei denen die Fasern nicht durch ein Klebemittel, sondern durch Stahlmanschetten verbunden oder, was noch besser wäre, miteinander verschmolzen sind.«
»Warum sind solche Kabel nicht schon hergestellt worden? Das kann doch technisch nicht so schwierig sein.«
»Es ist auch nicht sehr schwierig. Aber bis jetzt gab es keinen Bedarf dafür, denn die ganze Laseranwendung, von der wir gesprochen haben, ist ja noch im Versuchsstadium. Wenn sie sich als erfolgreich erweist, wird die Glasindustrie die notwendigen Lichtkabel gewiß sofort herstellen.
Doch selbst wenn man unverkittete Kabel zur Verfügung hat, läßt sich damit nur Laserlicht im Wellenlängenbereich zwischen dem nahen Ultraviolett und dem nahen Infrarot fortleiten. Bereits im mittleren Infrarot, in dem der für die Chirurgie in Frage kommende Kohlendioxid-Laser schwingt, absorbiert das Glas so stark, daß man es zur Übertragung nicht verwenden kann. Es erwärmt sich

tragung auch dann Vorteile bringt, wenn sie nur über kürzere Entfernungen reicht und aus Witterungsgründen nicht immer funktioniert. Denken Sie nur an die militärische Nachrichtenübertragung, bei der die geringe Größe des Lasersenders und vor allem die durch die scharfe Bündelung des Lichts von vornherein ausgeschaltete Abhörmöglichkeit durch kein anderes System ersetzt werden können. Auch für festinstallierte Gegensprechanlagen eignen sich Laserstrahlen besonders gut, weil sie sich im Unterschied zu Funkwellen nicht gegenseitig stören. Es können nahezu beliebig viele Kanäle auf der gleichen Frequenz betrieben werden, ohne daß beim Empfänger ein Wellensalat entsteht. Man kann also die Zahl der Richtfunkstrekken, die über kürzere Entfernungen führen, gewaltig erhöhen. Das ist in der gegenwärtigen Situation, in der man kaum noch eine Lizenz für eine Richtfunkstrecke bekommt, nicht unwesentlich. Theoretisch brauchten dafür gar keine Lizenzen vergeben zu werden, da kein Sender den anderen stört. Die Bundespost wird aber vermutlich auch dabei ihr Monopol ausnützen und Lizenzgebühren erheben, weil in dem Gesetz über die Funkhoheit Laserübertragungen nicht ausdrücklich ausgenommen sind.

Das Hauptanwendungsgebiet für Übertragungen auf freien Laserstrahlen wird aber in jedem Fall der Weltraum sein, denn hier gibt es nichts, was das gebündelte Licht aufhalten könnte. Im Weltraum lassen sich seine Eigenschaften voll ausnützen: Die scharfe Bündelung macht es möglich, den Empfänger, ob es eine Mond- oder Marsstation, ein Satellit, ein Raumschiff oder ein Raumlaboratorium ist, genau anzusteuern; die hohe Leistung gestattet es, riesige Entfernungen zu überwinden; und die Kohärenz schafft die Voraussetzung, nahezu unbegrenzt viele Informationen gleichzeitig zu übertragen. Damit komme ich Ihrer Romanvorstellung nahe, daß man fremden Vernunftwesen auf einem anderen Stern, die sich zunächst mit Mikrowellensignalen zu erkennen gegeben haben, mit Lasersignalen antworten könnte.«

»Könnte man ihnen auch antworten, wenn sie dreißig Lichtjahre von uns entfernt wären?«

»Man könnte es, wenn man die technischen Mittel zur Verfügung hätte, die Sie in Ihrem Romankapitel voraussetzen. Einiges erscheint heute noch sehr kühn, aber nicht undenkbar. Dazu gehört als erstes ein Lasersender, der eine Dauerleistung von mindestens hundert Kilowatt haben müßte. Eine solche Leistung hätte man noch

 Das Licht eines Photoblitzgeräts folgt dem Lichtfaserkabel durch alle Windungen. (Seite 169 ff.)

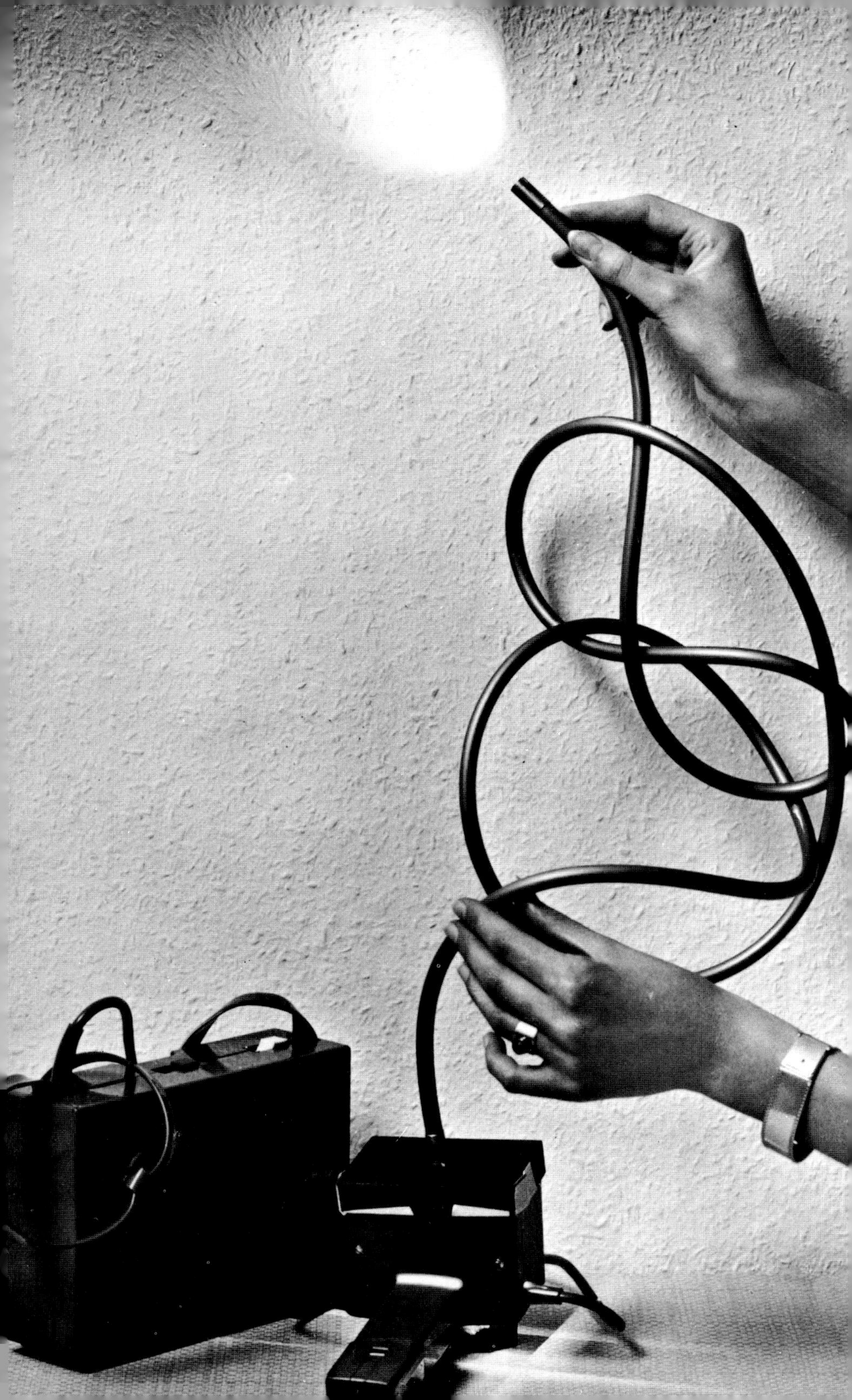

vor wenigen Jahren für utopisch gehalten, aber inzwischen gibt es Kohlendioxid-Laser, die immerhin schon eine Leistung von zehn Kilowatt haben. Die erste Anlage dieser Art, die von den Amerikanern gebaut wurde, hatte eine Länge von hundertsechzig Metern. Nach dem heutigen Stand könnte man die gleiche Leistung mit einer Anlage erbringen, die nicht länger als zehn Meter ist. Und man darf erwarten, daß in verhältnismäßig kurzer Zeit mit Anlagen, die nicht größer sind, eine Leistung von hundert Kilowatt erreicht wird. Bis dahin müssen allerdings etliche technologische Einzelprobleme gelöst werden. Man muß zum Beispiel Resonatorspiegel und -fenster entwickeln, die eine derart hohe Leistung auszuhalten vermögen. Außerdem wird es nicht einfach sein, die Pump-Energie von schätzungsweise einer Million Watt aufzubringen, mit der dem Laser die notwendige Energie zugeführt wird. Es wird vor allem schwierig sein, die im Laser unvermeidlich auftretende Wärme, die sich wahrscheinlich aus neunzig Prozent der gesamten zugeführten Energie ergibt, in einem entsprechenden Kühlsystem abzuleiten.«

»Brauchte man für den Lasersender wirklich einen Spiegel von solchen Ausmaßen und von so exakten Abmessungen, wie ich sie genannt habe?«

»Die Genauigkeit des Spiegels darf in keinem Fall geringer sein. Seine Oberfläche muß in jedem Punkt auf Bruchteile einer Wellenlänge genau gefertigt sein. Es ist vielleicht nicht unbedingt notwendig, daß der Spiegel einen Durchmesser von einem Kilometer hat. Wenn man sich damit begnügt, Nachrichten nur im Morsetempo und nicht im Sprechtempo zu übermitteln, dann würde ein Spiegel mit einem Ausmaß von hundert Metern ausreichen. Das ist aber noch immer eine phantastische Forderung. Die größten hochpräzisen Spiegel, die bisher gebaut wurden und die in der Astronomie verwendet werden, haben Durchmesser zwischen zwei und fünf Metern. Der bekannteste ist der des achtzehnhundert Meter hoch gelegenen Mount-Palomar-Observatoriums in Südkalifornien.

Wollte man die Forderung so weit treiben, daß man auf einem unfeinen Laserstrahl über eine Distanz von dreißig Lichtjahren telephonieren können soll, dann müßte der Spiegel vielleicht wirklich einen Durchmesser von einem Kilometer haben.«

»Hätte dann auch der Laserstrahl diesen gewaltigen Durchmesser?«

»Natürlich. Aus dem Hundertkilowatt-Laser kommt der Strahl

Ein für die Nachrichtenübertragung verwendeter Laserstrahl wird beim Auftreffen auf eine Fensterscheibe sichtbar. (Seite 205 ff.)

zwar nur mit einem Durchmesser von etwa zwanzig Zentimetern heraus. Aber er wird dann mit einer Linse kegelförmig so aufgeweitet, daß er den Spiegel gerade ausfüllt. Der Spiegel ist so gekrümmt, daß er den Laserstrahl bei der Reflexion wieder in einen Parallelstrahl umformt. Durch die Aufweitung des Strahls von zwanzig Zentimetern auf einen Kilometer wird eine Verschärfung der Bündelung im Verhältnis der Strahldurchmesser erreicht, also etwa eine Verschärfung um den Faktor fünftausend.«

»Müßte der Spiegel, wie ich annahm, im Weltraum stationiert werden, da er wegen seiner außerordentlichen Genauigkeit sehr erschütterungsempfindlich wäre?«

»Ganz sicher kann ein solcher Spiegel, ob er nun hundert oder tausend Meter groß ist, niemals auf der Erde aufgestellt werden. Dabei sind es gar nicht einmal die Erschütterungen durch kleine Erdbeben, durch den Wind oder durch den von den Menschen erzeugten Lärm, die das unmöglich machen. Es ist vielmehr die Störung der Lichtausbreitung durch die Atmosphäre. Da die Atmosphäre kein einheitliches und ruhiges Gebilde ist, sondern infolge der Molekularbewegung ständig fluktuiert, würde die Bündelung eines Laserstrahls mit einem so großen Durchmesser so verschlechtert, daß er für eine Weltraumübertragung nicht in Frage käme. Man würde selbst mit dem größten Senderspiegel nicht mehr erreichen als mit einem Spiegel von nur zehn Zentimetern Durchmesser, der sich im Weltraum befindet.

Der Spiegel, mit dem man einen fernen Stern ansteuern möchte, dürfte also keinesfalls von einer Atmosphäre überdeckt sein. Da die neuesten Messungen des auf dem Mond aufgestellten Seismographen ergeben haben, daß der Mond entgegen der ursprünglichen Vermutung frei von Beben ist, könnte man daran denken, den Spiegel auf dem Mond zu installieren. Das würde allerdings eine Reihe von Schwierigkeiten mit sich bringen: Da sich der Mond um die Erde und außerdem auch um seine eigene Achse dreht, müßte man den Senderspiegel genauso wie auf der Erde ständig nachführen, um ihn auf der Richtung zum Zielstern zu halten. Das ließe sich mit der notwendigen Genauigkeit wohl kaum ermöglichen. Es wäre auch zu befürchten, daß ein Spiegel mit solchen Ausmaßen durch sein eigenes Gewicht deformiert würde, selbst wenn die Schwerkraft des Mondes erheblich geringer ist als die der Erde.

Nach all diesen Überlegungen erschiene es viel sinnvoller, den Spiegel auf einer Umlaufbahn im Weltraum festzuhalten. Ob man diese Umlaufbahn um die Erde oder um den Mond legen sollte, müßten einfach anzustellende Berechnungen ergeben.«

»Wie würde man denn einen so riesigen Laserspiegel herstellen? Woraus würde er bestehen?«

»Man würde ihn keinesfalls so fertigen können wie die Parabol- oder Kugelspiegel, die in den astronomischen Observatorien verwendet werden. Bei diesen Spiegeln ist das größte Problem, eine Verformung durch das Eigengewicht zu vermeiden. Man muß sie aus tonnenschweren Glasblöcken herausschleifen und auf der Rückseite mit einem massiven wabenförmigen Stützgerüst stabilisieren. Allein das Auskühlen der Glasblöcke nach dem Guß dauert viele Monate. Aber man braucht diese dicken und schweren Gläser, weil sich sonst im Schwerefeld der Erde die erforderliche Festigkeit nicht erreichen läßt.

Bei einem schwerelos im Weltraum stationierten Spiegel fällt das Problem der Stabilität weg. Man könnte ihn deshalb ohne weiteres aus einer dünnen, mit einer reflektierenden Metallschicht versehenen Folie herstellen. Ein solcher Folienspiegel müßte natürlich auch im Weltraum aufgebaut werden. Man müßte ihn aus vielen wabenförmigen Einzelteilen zusammensetzen, die elektronisch so justierbar sind, daß schließlich die ganze Spiegeloberfläche auf Bruchteile von Lichtwellenlängen, also auf Tausendstelmillimeter genau gekrümmt ist. Wie man das im einzelnen machen würde, kann man sich heute noch nicht vorstellen.

Vielleicht führt eine ganz andere, zunächst sehr kühn anmutende Idee einfacher zum Ziel: Die Idee, statt eines Spiegels ein riesiges Hologramm anzufertigen, das wie eine Linse von hundert oder tausend Metern Durchmesser den Laserstrahl bündelt und auf den Zielstern richtet. Dieses Verfahren wäre technologisch sehr einfach, weil für das Hologramm eine durchsichtige Folie genügen würde, bei der man keine großen Ansprüche an die geometrische Genauigkeit stellen müßte. Und zwar deshalb nicht, weil das Hologramm erst dann aufgezeichnet würde, wenn die Folie bereits ausgebreitet und auf ihrer Umlaufbahn fixiert ist.

Genausowenig wie bei der Aufnahme eines normalen Hologramms der Film vollkommen plan oder in bestimmter Weise gekrümmt sein muß, genausowenig muß die Hologramm-Folie im Weltraum exakt geformt sein. Die gleichförmigen Laserlichtwellen lassen sich ja nicht nur in einer bestimmten Ebene festhalten. Die Folie kann daher auch unregelmäßig ausgespannt sein. Sie darf allerdings, wenn das Hologramm aufgenommen und entwickelt ist, nicht mehr verändert werden. Aber da im Weltraum keine Kräfte auf sie einwirken, kann sie sich von selbst gar nicht verändern.«

»Wie wäre es möglich, eine so riesige Filmfläche im Weltraum zu entwickeln?«

»Das würde die Folie von selbst besorgen. Wie leicht man heute schon Filme belichten, entwickeln und fixieren kann, sehen Sie an den Polaroidfilmen, die auch von selbst das fertige Bild liefern. Bis man daran denken kann, im Weltraum einen Lasersender mit so hoher Leistung zu installieren, wird es vermutlich ein Folienmaterial geben, mit dem sich unmittelbar physikalisch und nicht mehr durch chemische Reaktionen ein Hologramm erzeugen läßt.«

»Sie sagten, daß ein Lasersender, mit dem sich eine Distanz von dreißig Lichtjahren überbrücken ließe, eine Leistung von mindestens hundert Kilowatt haben müßte, und daß man heute noch nicht annähernd in der Lage ist, einen so starken Laser zu bauen. Es gibt aber doch schon Xenon-Hochdrucklampen mit einer Leistung von mehr als hundert Kilowatt. Wirkt denn das Laserlicht eines Hundertkilowatt-Senders so ungleich viel stärker als das ungerichtete, vielfarbige und inkohärente Licht einer Xenon-Hochdrucklampe mit hundert Kilowatt Leistung?«

»Um einen sinnvollen Vergleich zwischen einer Laserlichtquelle und einer gleichstarken Glüh- oder Gasentladungslampe anstellen zu können, darf man allein jenes Licht betrachten, das in einer bestimmten Richtung und mit einer bestimmten Wellenlänge abgestrahlt wird. Im Spektrum einer Glüh- oder Gasentladungslampe ist der Anteil des Lichts gleicher Richtung und gleicher Farbe verschwindend gering. Wollte man diesen Anteil so groß machen, daß er dem Laserlicht entspricht, das Licht einheitlicher Richtung und Farbe ist, dann brauchte man eine Lampe mit einer Leistung, die kaum noch ausdrückbar ist. Die Zahl, die man vor die Einheit Kilowatt setzen müßte, hätte ungefähr fünfzig Nullen. Dagegen wirkt selbst die Sonne als Strahlungsquelle wie ein schwaches Lämpchen, denn ihre Leistung läßt sich mit einer Zahl ausdrücken, die nur halb so viele Nullen hat. Eine normale Lampe, die in der Abgabe von gerichtetem einfarbigem Licht einem Laser entspräche, müßte, so unglaublich das klingt, eine Quadrillion mal stärker sein als die

Sonne. Daran wird wohl am ehesten deutlich, was Laserleistung bedeutet, auch wenn sie nur in einzelnen Watt gemessen wird.«

»Hängt eigentlich die Menge der Informationen, die sich auf einem Laserstrahl übertragen lassen, unmittelbar von der Leistung des Lasersenders ab?«

»Unmittelbar nicht. Um eine bestimmte Anzahl von Informationen übertragen zu können, ist natürlich eine gewisse Mindestleistung erforderlich. Licht besteht ja, wie Sie wissen, aus einzelnen Lichtquanten, und wenn man ein Bit, also die Elementareinheit einer Information übertragen möchte, dann muß man dazu mindestens ein Quant aussenden. Für viele Bits braucht man wenigstens gleich viele Quanten. Damit ist die untere Grenze der Laserleistung angegeben. Da aber, auch wenn der Laserstrahl noch so scharf gebündelt ist, zwischen Sender und Empfänger immer sehr viele Quanten verlorengehen, kann man in der Praxis nie von der unteren Leistungsgrenze ausgehen. Der Grenzwert besagt lediglich, welche Leistung beim Empfänger unter allen Umständen ankommen muß, damit er die übertragenen Informationen registrieren kann. Die Sendeleistung wird stets so bemessen, daß trotz des Quantenverlusts alle Informationen zum Empfänger gelangen. Das heißt, man sendet immer erheblich mehr Quanten aus, als man Informationen übertragen möchte. Da um so mehr Quanten verlorengehen, je größer die Übertragungsstrecke ist, läßt sich aus der Sendeleistung auch die erzielbare Reichweite ermitteln, denn man kann ziemlich genau sagen, bei welcher Distanz wieviele Quanten verlorengehen.

Dabei wird auch berücksichtigt, daß die Lichtfühler, die Photodetektoren des Empfängers, nicht auf jedes einzelne Lichtquant ansprechen. Deshalb macht man die Sendeleistung stets so groß, daß trotz dieses zusätzlichen Verlusts mit Sicherheit alle Informationen vom Empfänger registriert werden. Im allgemeinen arbeitet man mit einer Sendeleistung, die etwa tausendmal größer ist, als es die untere Leistungsgrenze vorschreibt.«

»Sie sprechen immer von einer bestimmten Informationsmenge und davon, daß dieser Informationsmenge eine entsprechende Leistung zugeordnet sein muß. Um eine konkrete Vorstellung zu bekommen: Wieviele Informationseinheiten oder Bits umfaßt zum Beispiel ein Fernsehbild, und wie stark muß ein Lasersender sein, um auf dem gebündelten Strahl ein Fernsehbild übertragen zu können?«

»Im Durchschnitt rechnet man bei einem Fernsehbild mit achtzig

Millionen Bits pro Sekunde. Wenn man diese Menge auf einer Strecke übertragen will, die so kurz ist, daß so gut wie nichts verlorengeht, genügt eine Sendeleistung von einem Zehntausendstel-Watt. Um bei gutem Wetter eine Entfernung von einem Kilometer überbrücken zu können, braucht man ungefähr eine Leistung von einem Tausendstel-Watt. Wenn man eines Tages im Weltraum Laserstrahlen zur Nachrichtenübertragung verwendet, reicht eine Sendeleistung von einigen Watt aus, um zum Beispiel die Entfernung von der Erde zum Mars zu überwinden. Will man gar Nachrichten über eine Entfernung von dreißig Lichtjahren transportieren, dann muß man die Sendeleistung auf mindestens hundert Kilowatt erhöhen. Man muß sie deshalb so groß machen, weil sich selbst ein noch so stark gebündelter Laserstrahl bei dieser Distanz so aufweitet, daß vom Empfänger nur noch ein verschwindend kleiner Teil der Sendeleistung aufgenommen werden kann, denn nach dreißig Lichtjahren hat der Laserstrahl einen Durchmesser, der sehr wahrscheinlich erheblich größer ist als der Durchmesser des angesteuerten Sterns. Um den Verlust mit einer Zahl auszudrücken: Man muß damit rechnen, daß bei einer so großen Entfernung höchstens ein Billionstel der Sendeleistung empfangen wird. Der größte Teil geht durch die Aufweitung des Laserstrahls verloren. Bei einer Übertragung über so riesige Entfernungen gilt erst recht, was ich vorhin auf sehr viel kleinere Distanzen bezog: Man muß den verhältnismäßig leicht zu errechnenden Verlust von vornherein einkalkulieren und die Sendeleistung entsprechend groß machen.«

»Wie prägt man überhaupt dem Laserstrahl die Informationen auf?«

»Das Prinzip, das man dabei anwendet, ist das gleiche wie bei den Rundfunk- und Fernsehübertragungen: Man läßt auf einer gleichförmigen elektromagnetischen Trägerwelle sozusagen eine zweite Welle reiten, die charakteristisch für den Informationsinhalt ist. Etwas technischer ausgedrückt: Man verändert oder moduliert die Trägerwelle, die eine bestimmte Wellenlänge und eine bestimmte Amplitude hat, mit der Informationswelle so, daß sie sich im Rhythmus der Informationswelle verformt.

Am einfachsten kann man sich davon ein Bild machen, wenn man die Modulation des Schwingungsausschlags oder der Amplitude betrachtet: Das ist ungefähr so, wie wenn man einen Gummischlauch, durch den in einem bestimmten Querschnitt und mit einem bestimmten Druck Wasser fließt, an einer Stelle rhythmisch zusammendrückt. Der Rhythmus des Zusammendrückens überträgt sich auf das Wasser und ist am Ende des Schlauchs deutlich zu erkennen. Auf diese Weise ließen sich ohne weiteres Morsezeichen übertragen.

Bei der elektromagnetischen Übertragung entspricht die Trägerwelle dem Wasser, die Amplitude der momentanen Durchflußmenge und die Informationswelle dem rhythmischen Zusammendrücken. Diese sogenannte Amplitudenmodulation ist aber nur eine von mehreren Möglichkeiten, die Veränderbarkeit elektromagnetischer Wellen für die Übertragung von Informationen auszunützen. Statt der Amplitude kann man auch die Frequenz, also die Schwingungshäufigkeit, oder die Schwingungsebene modulieren.

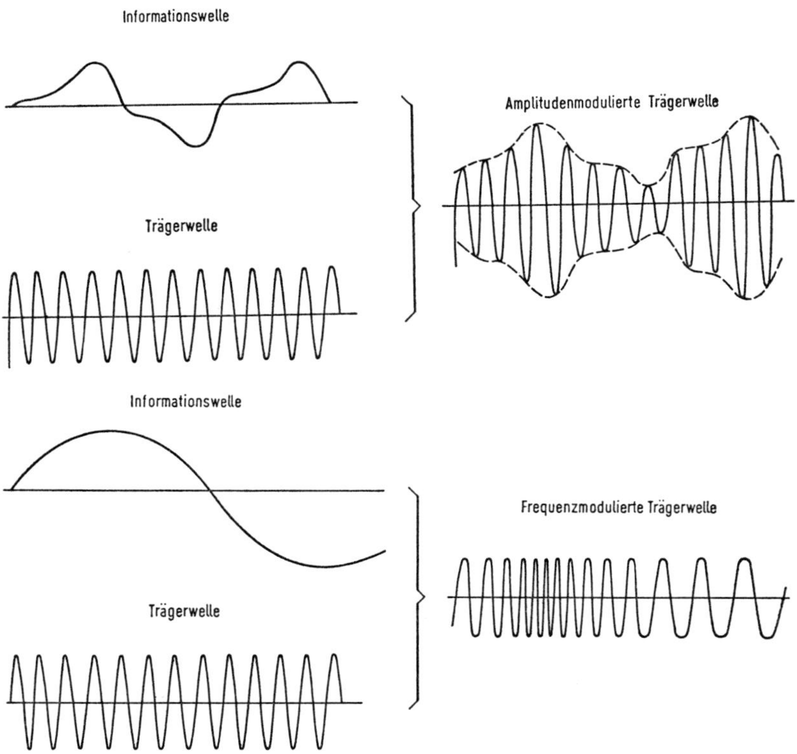

Abb. 16: Das obere Schema veranschaulicht die Amplituden-, das untere die Frequenzmodulation der Trägerwelle.

Die Methoden der Frequenzmodulation und der Modulation der Schwingungsebene eignen sich für Laserlicht besonders gut, weil sich bei einem Laserstrahl, der durch die Atmosphäre geleitet wird, die ursprüngliche Frequenz und die ursprüngliche Schwingungsebene kaum verändern. Es treten keine Störungen durch das Übertragungsmedium auf. Anders ist es bei der Amplitudenmodulation: Jedes Staubkorn, das in den Strahl gelangt, verändert die Amplitude und täuscht eine beabsichtigte Modulation vor. Deshalb wird die Amplitudenmodulation bei der Nachrichtenübertragung auf Laserstrahlen kaum angewendet.«

»Und warum werden nicht auch die Frequenz und die Schwingungsebene des Laserstrahls durch Staubkörner beeinträchtigt?«

»Darf ich mit einer Gegenfrage antworten: Warum sollte die Frequenz oder die Schwingungsebene dadurch verändert werden? Die physikalische Möglichkeit solcher Störungen ist so gering, daß sie gar nicht in Betracht gezogen zu werden braucht.«

»Wie stellt man es eigentlich technisch an, um dem Laserstrahl als Trägerwelle die Informationswellen aufzuprägen, sei es durch eine Modulation der Frequenz oder durch eine Modulation der Schwingungsebene?«

»In beiden Fällen verwendet man einen lichtdurchlässigen Kristall, an dem man eine elektrische Spannung anlegt, die sich bei der Übertragung eines Gesprächs oder eines Musikstücks im Schwingungsrhythmus der Mikrophon-Membrane ändert.

Bei der Frequenzmodulation bewirkt die rhythmische Spannungs- oder Feldänderung, daß der Laserstrahl mit veränderter Geschwindigkeit durch den Kristall tritt, denn bei unterschiedlicher Spannung variiert die Lichtgeschwindigkeit im Kristall und damit die Laufzeit, die der Laserstrahl für den Durchgang benötigt. Diese Laufzeitänderung prägt sich dem Laserlicht beim Austreten aus dem Kristall als Frequenzänderung auf. Verkürzt sich die Laufzeit während des Strahlendurchgangs, dann schieben sich die Wellen hinter dem Kristall so zusammen, daß die Frequenz zunimmt; wächst die Laufzeit, dann hinken die Wellen sozusagen hintereinander her und die Frequenz nimmt ab. Man kann diesen Vorgang mit dem sogenannten Doppler-Effekt vergleichen, den jeder aus Erfahrung kennt: Wenn jemand in der Nähe eines Bahndamms steht, und es kommt ihm in rascher Fahrt eine pfeifende Lokomotive entgegen, dann hört er einen verhältnismäßig hohen Ton; in dem Augenblick, in dem die Lokomotive an ihm vorbeifährt, wird der Ton merklich tiefer. Beim Herankommen schieben sich die Schallwellen zusammen, so daß ein höherer Ton entsteht als der, den die Lokomotive in Wirklichkeit abgibt; wenn sich die Lokomotive entfernt, werden die Schallwellen gedehnt, und man vernimmt einen tieferen als den von ihr abgegebenen Ton.

Die Frequenzänderung, die ein Laserstrahl durch die Laufzeitänderung im elektrooptischen Kristall erfährt, ist ein eindeutiges und charakteristisches Maß für die auf ihm übertragene Information.

In ähnlicher Weise, wie sich durch die rhythmische Änderung des elektrischen Feldes im Kristall die Frequenz des Laserstrahls variieren läßt, kann auch die Schwingungsebene moduliert werden, denn sie ist genauso wie die Frequenz unmittelbar von der Laufzeit im Kristall abhängig. Die im Schwingungsrhythmus eines Wortes oder eines Musiktakts sich ändernde Spannung bewirkt, daß die Laserwellen den Kristall in einer anderen Schwingungsebene verlassen als in der Ebene, in der sie auf den Kristall auftreffen. Auch die rhythmische Änderung der Schwingungsebene ist ein Charakteristikum für den Informationsinhalt.«

»Wovon hängt es ab, welches Verfahren man anwendet?«

»Zunächst davon, welche Empfangseinrichtungen dem Sender gegenüberstehen. Die für die Frequenzmodulation erforderliche Empfangstechnik ist erheblich komplizierter als die Technik, die man auf der Empfängerseite für die modulierte Schwingungsebene braucht. Dafür hat die Frequenzmodulation den großen Vorteil, daß man, ohne eine Störung befürchten zu müssen, leichter sehr viele Informationen gleichzeitig übertragen kann als mit dem anderen Verfahren.«

»Ist die Modulationsapparatur, mit der man dem Laserstrahl Informationen aufprägt, sehr aufwendig?«

»Der Modulator selbst besteht lediglich aus einem Kristall, der etwa die Größe und Form einer Grammophonnadel hat. Was zur Erzeugung der Steuerspannung an elektronischer Schaltung notwendig ist, hängt von der Menge der zu übertragenden Informationen ab. Das Ausmaß der ganzen Apparatur kann zwischen dem einer Streichholzschachtel und dem eines kompletten Fernmeldeamtes schwanken. Im einen Fall läßt sich lediglich ein Telephongespräch, im anderen dagegen lassen sich etwa zehntausend oder mehr Fernsehsendungen übertragen.«

»Sie haben zwar recht verständlich die beiden Verfahren der Laserstrahlmodulation erklärt, aber daraus geht noch nicht hervor, warum sich auf einem Laserstrahl so viele Informationen gleichzeitig übertragen lassen.«

»Es ist doch leicht einzusehen, daß die Modulierbarkeit einer elektromagnetischen Welle um so größer ist, je höher die Frequenz der Schwingung ist. Wenn die Frequenz sehr hoch ist, bleibt ein großer Spielraum nach unten bis zur Frequenz Null. Da die Modulierung immer nur innerhalb eines verhältnismäßig kleinen Frequenzbereichs erfolgt, lassen sich auf einer hochfrequenten Trägerwelle wie der des Laserstrahls sehr viele Modulationen unterbringen, die jeweils in einem anderen Schwingungsbereich vorgenommen werden. Dabei spielt es für die Qualität der Übertragung keine Rolle, ob man die Trägerwelle im oberen, im mittleren oder im unteren Frequenzbereich moduliert. Maßgebend ist nur, welchen Schwingungsbereich man für die zu übertragenden Informationen braucht. Für ein Telephongespräch genügt eine Frequenz-Bandbreite von höchstens viertausend Schwingungen pro Sekunde; für ein Musikstück braucht man, wenn man an die obere Hörgrenze geht, etwa sechzehntausend Schwingungen; bei einem Fernsehbild sind sehr viel mehr, nämlich fünf Millionen Schwingungen in der Sekunde erforderlich.

Man kann leicht ausrechnen, wieviele Ferngespräche, Rundfunkoder Fernsehsendungen auf einem Laserstrahl gleichzeitig übertragen werden können. Wenn man, wie man es in der Praxis später einmal machen wird, aus physikalisch-technischen Gründen nur ein Fünftel des Frequenzbereichs von sichtbarem Laserlicht zur Informationsübertragung ausnützt, kommt man zu gewaltigen Zahlen, denn die mittlere Frequenz von sichtbarem Laserlicht liegt bei fünfhundert Billionen Schwingungen pro Sekunde. Nützt man davon nur hundert Billionen aus, dann kann man entweder zwanzig Millionen Fernsehsendungen, fünf Milliarden Rundfunksendungen oder fünfundzwanzig Milliarden Ferngespräche gleichzeitig übertragen. Und das auf einem einzigen Laserstrahl!

Das sind Informationsmengen, die weit über das hinausgehen, was wir uns heute vorstellen können.«

»Für welche Zwecke ließen sich denn diese schier unbegrenzten Übertragungsmöglichkeiten auch nur zum Teil ausnützen?«

»Zunächst wird man Laserstrahlen zur Nachrichtenübertragung

dort anwenden, wo sie sich ungehindert ausbreiten können, also im Weltraum. Mit der Sprech- und Sehverbindung zwischen Raumschiffen, Mond- oder Marsstationen und frei im Weltraum kreisenden Laboratorien wird allerdings nur ein winzig kleiner Bereich der verfügbaren Frequenzbandbreite ausgenützt. Wie klein dieser Bereich ist, geht aus den vorhin genannten Zahlen der möglichen Gesprächs- und Bildübertragungen hervor. Aber man wird vermutlich schon in wenigen Jahren dazu übergehen, vom Mond oder von einer Orbitalstation aus die Erde zu beobachten, um eine ganze Reihe wichtiger Aufschlüsse zu gewinnen. Dann wird für die Übertragung ein erheblich größerer Schwingungsbereich verwendet, weil bei der Beobachtung mit hochauflösenden Kameras sehr viel mehr Informationen anfallen als bei der Abbildung mit normalen Fernsehkameras.
Vom Mond oder von einer Raumstation aus kann man die gesamte Erdoberfläche überblicken, soweit sie nicht von Wolken überdeckt ist. Und man kann sie viel genauer abbilden als etwa die Mondoberfläche von der Erde aus, weil keine optischen Störungen durch die Atmosphäre auftreten.«
»Aber das Licht muß die Atmosphäre doch in jedem Fall durchdringen. Warum stört sie, wenn man die Erde vom Mond aus beobachtet, weniger als wenn man von der Erde aus den Mond betrachtet?«
»Weil im einen Fall die Atmosphäre sehr weit vom Aufnahmeobjektiv entfernt ist, während sie im anderen Fall das Objektiv regelrecht einhüllt. Wie unterschiedlich sich das auswirkt, wird an einem einfachen Beispiel deutlich: Wenn Sie bei Regen mit Ihrem Auto durch die Stadt fahren und das Pech haben, daß der Scheibenwischer ausfällt, dann können Sie durch die von Regentropfen bedeckte Scheibe einen Mann, der zwanzig Meter vor Ihnen über die Straße geht, kaum erkennen, weil die wie Linsen wirkenden Tropfen alles verzerren. Der Mann dagegen kann Sie hinter der Windschutzscheibe deutlich sehen; er stellt zwar fest, daß das Glas vor Ihrem Gesicht mit Wassertropfen bedeckt ist, aber die Sicht ins Wageninnere wird dadurch nur unwesentlich behindert. Oder ein anderes Beispiel: Wenn man auf der Erde von irgendeiner Lichtquelle aus einen ideal gebündelten Lichtstrahl auf einen Spiegel richtet und den Spiegel nur ganz wenig bewegt, dann wird der Lichtstrahl durch die geringe Bewegung so abgelenkt, daß er auf dem Mond einige

hundert Kilometer weit wandert. Der Spiegel wirkt wie der Angelpunkt eines Hebels, dessen Arm am freien Ende um so weiter ausschlägt, je länger er ist. Richtet man dagegen den ideal gebündelten Lichtstrahl vom Mond aus auf den Spiegel, dann macht sich für einen Beobachter auf dem Mond die geringe Spiegelbewegung kaum bemerkbar. Die ungleich verteilten und ständig bewegten Luftmoleküle lenken das Licht in ähnlicher Weise ab wie der bewegte Spiegel. Deshalb ist bei den Mondaufnahmen, die man von der Erde aus macht, die optische Auflösung sehr viel geringer als bei den Erdbildern, die man vom Mond oder von einer Raumstation aus aufnimmt.«

»Und was kann man den übersichtlichen und scharfen Bildern von der Erdoberfläche alles entnehmen?«

»Man kann ihnen sehr viel entnehmen. Aus den Wolkenformationen und ihren Bewegungen lassen sich, wenn sie ständig beobachtet werden, exakte Wettervorhersagen für die ganze Erde ableiten. Sie haben ja gesehen, wie deutlich die von den Apollo-Raumschiffen aus gemachten Erdaufnahmen die Großwetterlage zeigen. Wenn man von einer Mond- oder von einer Orbitalstation kontinuierlich solche Bilder geliefert bekommt, kann man, vor allem wenn man dabei Computer zu Hilfe nimmt, das Wetter für jedes geographische Gebiet vorausberechnen.

Die Bilder lassen ebenso den Wachstumsverlauf in größeren landwirtschaftlichen Anbauflächen erkennen. Die unterschiedlichen Färbungen geben nicht nur Aufschluß über den Reifegrad, sie zeigen auch, wo eine anhaltende Trockenheit das Pflanzenwachstum beeinträchtigt und damit die Ernte in Frage stellt, wo sich Schädlinge ausbreiten und wo sich Bodenerosionen bemerkbar machen. Sie können sich vorstellen, wie wichtig das für die Agrarländer ist. Wenn sich auf diese Weise der Ernteertrag genau vorausberechnen läßt, dann kann man auch eine zuverlässige Verbrauchs-, Vorrats- und Preispolitik betreiben. Dabei spielt eine wesentliche Rolle, daß jedes Land die momentanen Agrarverhältnisse auf der ganzen Erde kennt und sich in seiner Landwirtschaftspolitik darauf einstellen kann. Außerdem bieten diese Aufschlüsse die Möglichkeit, Schädlingen durch eine frühzeitige Bekämpfung zu begegnen und Dürregebiete in geeigneter Weise zu bewässern. Auf diesen übersichtlichen und scharfen Bildern, die man zur Analyse und Auswertung beliebig vergrößern kann, lassen sich auch Erzlagerstätten, Mineralkonzentrationen und Ölvorkommen erkennen. Was das bedeutet, bedarf keiner Erläuterung.«

»Daß man bei landwirtschaftlichen Anbaugebieten von der Bodenfärbung auf den Reifegrad, auf Schädlinge, Trockenheit und Erosionen schließen kann, ist einzusehen, weil man aus Erfahrung weiß, wie sich die verschiedenen Veränderungen des Pflanzenwuchses farblich ausprägen. Aber wie kann man optisch Erzlagerstätten, Mineralkonzentrationen und Ölvorkommen feststellen?«

»Man kann sie an den typischen geologischen Formationen ablesen, die man ja kennt, und man kann sie auch an der für diese Rohstoffvorkommen charakteristischen Bodenfärbung erkennen. Erzlagerstätten, die Eisen oder Kupfer bergen, zeigen deutlich eine ganz bestimmte rötliche Färbung. Da man die Bodenformationen stets im großen Zusammenhang überblickt und sieht, wie sich die bekannten Lagerstätten in der Weltraumperspektive darbieten, kann man durch Vergleiche ohne weiteres auf neue Vorkommen schließen. Das gilt für Mineralien und in bestimmter Weise auch für Öl genauso wie für Erze.

Kaum weniger bedeutsam als die eben erwähnten Möglichkeiten ist die Möglichkeit, vom Weltraum aus die Wasserverhältnisse auf der Erde zu kontrollieren. Die hochauflösenden Kameras zeigen in aller Deutlichkeit den momentanen Zustand von Flüssen und Seen, und sie lassen aus der mehr oder weniger intensiven Grünfärbung der Landschaft auch auf die Höhe des Grundwasserspiegels schließen. Wenn man diese ständige genaue Kontrolle hat, kann man die Wasserverhältnisse über weite Gebiete hinweg rechtzeitig so regulieren, daß es weder zu Überschwemmungen noch zu einer anhaltenden Trockenheit kommt. Und man kann ebenso die Grundwasserversorgung steuern. Da die Aufnahmen von der Erdoberfläche auch den Grad der Verschmutzung von Flüssen und Seen erkennen lassen, wird man mit entsprechenden Auflagen und Verboten dafür sorgen, daß aus der Verunreinigung keine die Trinkwasserversorgung und die Fischerei bedrohenden Gefahren erwachsen. Wenn man die schon seit Jahren bedenkliche Wasserverschmutzung im großen so deutlich und eindringlich vor Augen geführt bekommt, wird man nicht länger so tun können, als sei sie unerheblich.

Auch die Hochseefischerei und die Schiffahrt werden aus den Erdbeobachtungen einen beträchtlichen Nutzen ziehen können, denn aus den Aufnahmen ist sowohl das Plankton einzelner Meerbereiche daß zwischen ihnen und dem Lasersender im Weltraum ständig eine direkte Sichtverbindung besteht.«

»Und wie ließen sich die von den Relais-Satelliten aufgenommenen Bildinformationen zur Erde weiterleiten?«

»Auch wieder mit Laserstrahlen. Bei der geringen Entfernung zwischen den Satelliten und den Bodenstationen brauchte man nur einen sehr schwachen und daher auch nicht aufwendigen Sender.«

»Aber warum will man diesen Umweg gehen? Warum sollte man den aus dem Weltraum kommenden Laserstrahl nicht in jedem Fall bis zu den Empfangsstationen auf der Erde leiten?«

»Weil es technisch vermutlich einfacher ist, von den Bodenstationen aus die Relais-Satelliten anzusteuern, als den Lasersender auf dem Mond oder in einer Orbitalstation immer wieder so umzulenken, daß er auf die empfangsbereite Station gerichtet ist. Sie müssen bedenken, daß man für die Bildübertragung aus dem Weltraum einen außerordentlich scharfgebündelten Laserstrahl verwenden wird, der sich nicht so ohne weiteres von einer Empfangsstation auf die andere umlenken läßt. Wie schwierig das bei sehr großen Entfernungen ist, hat der Versuch gezeigt, den man nach der ersten Mondlandung mit dem von den beiden Astronauten auf dem Mond aufgestellten Laserreflektor unternommen hat. Es dauerte ziemlich lang, bis man den Reflektor mit einem von der Erde ausgesandten Laserstrahl traf. Dabei war dieser Laserstrahl infolge der Aufweitung durch die Atmosphäre nicht annähernd so scharf gebündelt, wie es die Laserstrahlen sein werden, mit denen man künftig Bilder aus dem Weltraum übertragen wird.

Das automatische Verfolgen eines Ziels, das der aus großer Entfernung kommende Laserstrahl bereits eingefangen hat, ist erheblich einfacher als das Suchen eines Ziels. Das würde man, auch wenn die Ziele immer die gleichen wären, wohl kaum so automatisieren können, daß es einwandfrei funktioniert. Und nicht einwandfrei funktionieren bedeutet in diesem Fall genausoviel wie überhaupt nicht funktionieren.

Es ist aber noch ein anderer Grund denkbar, der die Einschaltung von Relais-Satelliten nahelegen könnte: Man wird möglicherweise eines Tages Lasersender zur Verfügung haben, bei denen sich mit einem sehr geringen Energieaufwand die für die Bildübertragung aus dem Weltraum erforderliche Sendeleistung erzeugen läßt, deren Strahlung aber in einem Schwingungsbereich liegt, der eine Über-

tragung bis zur Erde ausschließt. Und zwar deshalb, weil die Atmosphäre für diesen Frequenzbereich lichtundurchlässig ist. In einem weiten Bereich des infraroten Spektrums und auch im Ultraviolettbereich kann das Licht die Atmosphäre nicht durchdringen. Aber gerade das im Ultraviolett schwingende Laserlicht würde sich für Bildübertragungen besonders eignen, weil die Bündelungsfähigkeit des Laserlichts um so größer ist, je kürzer die Wellenlänge und, was das gleiche bedeutet, je größer die Frequenz ist.
Würde man zum Beispiel statt des im mittleren Infrarot schwingenden Kohlendioxyd-Lasers, mit dem sich heute die stärksten Leistungen erreichen lassen, einen Ultraviolett-Laser zur Verfügung haben, dann gewänne man damit eine hundertmal bessere Bündelung und dementsprechend eine zehntausendmal stärkere Empfangsleistung.
Bis zu den Relais-Satelliten ließe sich ein ultravioletter Laserstrahl ohne weiteres leiten, aber in der Erdatmosphäre würde dieses Laserlicht schon nach wenigen Metern vollständig absorbiert. Deshalb müßte man die Bildinformationen von den Relais-Satelliten mit Laserstrahlen einer anderen Wellenlänge zur Erde weiterleiten. Dabei gingen aber keine Informationen verloren.«
»Sie sagten, die Weltraumkameras lösen die Bilder, die sie aufnehmen, in dreißigtausend Zeilen auf. Wird dabei nur das von der Erde reflektierte weiße Licht, in dem alle Farben des sichtbaren Spektrums gemischt sind, registriert, oder lösen diese Kameras das weiße Licht auch nach seinen Wellenlängen auf?«
»Man kann und wird es so einrichten, daß sie das tun. Das wird sogar das Wesentliche an diesen Kameras sein, daß sie die einzelnen Licht-Farbbereiche getrennt aufnehmen, denn auf einfarbigen Bildern lassen sich Strukturen erkennen, die weißes Licht nicht zeigt, weil sie durch die Lichtmischung verschwinden. So kann man zum Beispiel auf den im grünen Lichtbereich aufgenommenen Bildern den Pflanzenbewuchs auf der Erde besonders deutlich erkennen, weil er durch das grüne Chlorophyll charakterisiert ist. Man wird also Aufnahmen, mit denen man Aufschlüsse über die Pflanzenentwicklung oder ganz allgemein über die Begrünung der Erde gewinnen will, im grünen Lichtbereich machen. Bei der Suche nach Erzlagerstätten wird man mit den Lichtfarben arbeiten, die Eisen-, Kupfer- oder Manganvorkommen besonders gut abbilden.
Wenn man schon die Möglichkeit hat, durch das Ausfiltern bestimm-

solche Aufnahmestationen im Weltraum leisten können, nur für sich den Nutzen daraus ziehen und damit die kleinen Länder, die diesen technischen Aufwand nicht bewältigen können, noch abhängiger machen werden, als sie ohnehin schon sind?«

»Man wird alle diejenigen Informationen, die keine unmittelbare wirtschaftliche oder politische Bedeutung haben, ganz sicher allen zukommen lassen, natürlich gegen entsprechende Gebühren. An der Beobachtung der Wetterlage und -entwicklung, der Wasserverhältnisse, der Luftverunreinigung und des globalen Flug- und Schiffsverkehrs wird die ganze Erde Anteil haben, denn die Großmächte würden nichts gewinnen, wenn sie diese Informationen für sich behielten. Aber sie werden alles, was sich wirtschaftlich oder politisch auswerten läßt, vor den noch nicht in den Weltraum vorgedrungenen Ländern verschließen und sich damit einen immer größeren Vorrang verschaffen. Sie werden die von ihren Kameras in den eigenen Gebieten entdeckten Rohstoffvorkommen und Fischschwärme in Ruhe ausbeuten und keine Auskunft über die gleichfalls entdeckten Bodenschätze und Fischansammlungen in fremden Gebieten geben. Die Regierungen der Großmächte werden auch darauf bedacht sein, daß diese Informationen unter strenger staatlicher Kontrolle bleiben, denn wenn sie privaten Unternehmern zugänglich würden, entstünden riesige Monopole, die die gesamte Volkswirtschaft aus dem Gleichgewicht brächten.«

»Aber die staatliche Kontrolle in den die Raumfahrt beherrschenden Ländern würde nicht verhindern, daß die kleineren Länder sehr rasch konkurrenzunfähig werden. Und damit geriete über kurz oder lang die Weltwirtschaft ins Wanken. Wovon sollten die kleineren Länder, wenn sie erst einmal ausmanövriert sind und ihre Boden- und Meereserträge nicht mehr verkaufen können, die Preise bezahlen, die ihnen die großen dann diktieren? Sie wären schließlich nur noch Vasallen der Großmächte.«

»Das wird auch dazu kommen, wenn die kleineren Länder nicht rechtzeitig alle Anstrengungen machen, um selbst Beobachtungsstationen im Weltraum unterhalten zu können. Da sie das kaum so rasch mit nationalen Projekten erreichen werden, sind sie gezwungen, sich zusammenzuschließen. Es wäre zum Beispiel naheliegend, daß eine übernationale Organisation wie die ELDO oder die ESRO eine europäische Raumstation einrichtet. Aber vorläufig ist der amerikanische und russische Vorsprung in der Raketen- und Satelliten-

technik so groß, daß Europa für geraume Zeit wirtschaftlich in ein arges Hintertreffen geraten wird, denn es wird nicht mehr lang dauern, bis die Amerikaner und die Russen ihre ersten Beobachtungsstationen im Weltraum installiert haben.
Wenn es in absehbarer Zeit so weit ist, werden die europäischen und die anderen kleineren Länder vermutlich alle nur denkbaren Spionagemittel anwenden, um Zugang zu den über ihre künftige Wirtschaft entscheidenden Informationen zu erhalten. Die militärische Spionage wird dagegen immer uninteressanter, weil die modernen Waffensysteme für die möglichen Gegner kaum noch Geheimnisse bergen und weil man längst erkannt hat, daß die Abschreckung durch das offen zur Schau gestellte Militärpotential wirksamer ist als seine Geheimhaltung.«
»Wollen Sie damit sagen, daß man die Weltraumkameras für militärische Zwecke gar nicht verwenden wird?«
»Man wird sie sehr wohl dafür verwenden, aber man wird sich bei der militärischen Überwachung weniger auf die ohnehin bekannten waffentechnischen Möglichkeiten konzentrieren als darauf, wo und wie der Gegner welche Waffen einsetzen könnte. Die Weltraumkameras lassen zum Beispiel jeden Raketenstart und auch die Flugbahn jeder Rakete sofort erkennen. Dadurch ist man in der Lage, innerhalb von Sekunden darauf zu reagieren. Sie zeigen ebenso jede Truppenverschiebung, ja sogar jedes Kampfflugzeug, jeden Panzer und jede Raketenlafette.
Und gerade um die Abbildung dieser im Weltraum winzig erscheinenden Einzelziele in voller Schärfe zur Erde übertragen zu können, braucht man eine Frequenzbandbreite, wie sie eben nur der Laserstrahl bietet.«
»Ist es auch nur denkbar, daß man den Übertragungsstrahl irgendwo auf seinem Weg vom Weltraum zur Erde anzapft und auf diese Weise in den Besitz aller dieser Informationen über die Verhältnisse und Vorgänge auf der Erde gelangt?«
»Das ist völlig ausgeschlossen. Die Informationen können in jedem Fall nur von der Empfangsstation aufgenommen werden, auf die der scharfgebündelte Laserstrahl gerichtet ist. Dabei spielt es keine Rolle, ob er direkt vom Raumsender oder von einem Relais-Satelliten kommt.«
»Könnte man nicht einen Abhör-Satelliten so um die Erde kreisen lassen, daß er genau unter dem Übertragungsstrahl stillsteht wie ein

Nachrichten-Satellit, der über einem bestimmten Punkt der Erde fixiert ist?«

»Wie stellen Sie sich das physikalisch vor? Der Abhör-Satellit müßte sich mit genau der gleichen Geschwindigkeit um die Erde bewegen wie der Sender im Weltraum. Das wäre nur auf der Sender-Umlaufbahn möglich, das heißt, der Abhör-Satellit müßte sich am gleichen Ort wie der Sender befinden. Die Umlaufgeschwindigkeit ist ja unmittelbar von der Entfernung abhängig. Daher gibt es für jede Geschwindigkeit nur eine mögliche Bahn, wobei es völlig gleichgültig ist, wie groß oder wie schwer der Satellit ist. Das geht aus der mathematischen Gleichung hervor, die die Erdanziehung mit der Zentripetalkraft gleichsetzt und in der die Masse gar nicht enthalten ist.«

»Man braucht also die geheimen Informationen nicht zu verschlüsseln?«

»Wegen einer möglichen Abhörgefahr nicht, aber man wird es vermutlich dennoch tun, weil man bei der Wichtigkeit dieser Informationen ganz sicher gehen will, daß sie nach dem Empfang nicht in falsche Hände geraten. Da sie natürlich elektronisch verschlüsselt werden, kann sie nur derjenige verstehen, der den Code kennt. Es gibt heute Verfahren, die so absolut sicher sind, daß sich der Code selbst mit den größten Computern nicht knacken läßt.

Für die Verschlüsselung ist allerdings ein zusätzlicher Frequenzbereich erforderlich, der sogar um ein Vielfaches breiter ist als der Frequenzbereich, den man für die Übertragung unverschlüsselter Informationen benötigt. Aber das Laserlicht bietet auch dieser Bandbreite Raum.«

»Sie sprachen davon, daß die weit voneinander entfernten Empfangsstationen durch Spezialkabel miteinander verbunden sein müßten, durch die sich die aus dem Weltraum empfangenden Informationen auf der Erde weiterleiten ließen. Wie stellen Sie sich ein Kabel vor, das einem so dichten Informationsfluß gewachsen ist? Die Koaxialkabel und Hohlleiter, die man heute für Fernsehübertragungen verwendet, kommen vermutlich nicht in Frage, weil ihre Frequenzkapazität zu gering ist. Und in Glasfaserkabeln würde, wie Sie sagten, das Laserlicht schon nach wenigen Kilometern völlig absorbiert.«

»Solche Kabel müssen stark dimensionierte Hohlleiter sein, in denen sich das Laserlicht genauso ungehindert ausbreiten kann wie im luftleeren Raum. Es müssen also völlig geradlinig verlaufende evakuierte Rohre sein, in die in regelmäßigen Abständen Linsen eingefügt sind, die den Laserstrahl immer wieder auf die Rohrachse konzentrieren; er darf ja die Rohrwand nie berühren. Man kann solche Rohre natürlich nicht so verlegen, daß über einen ganzen Kontinent hinweg eine direkte Sichtverbindung zwischen dem Sender und dem Empfänger besteht. Das ist auch gar nicht notwendig, denn die unvermeidlichen Biegungen lassen sich sehr einfach überbrücken, indem man den Laserstrahl durch Spiegelsysteme so steuert, daß er alle in sich geraden Rohrabschnitte frei durchlaufen kann. Um sicher zu gehen, daß er das Rohr auch dann nicht berührt, wenn es durch Temperaturschwankungen oder Erdebewegungen geringfügig deformiert wird, macht man die Konzentrationslinsen und die Spiegel verstellbar und sorgt mit einer Automatik dafür, daß sie sich immer nach der Rohrachse ausrichten.«

»Wie stark müßten denn diese Lichtrohre sein, und wie würde man sie am zweckmäßigsten verlegen?«

»Sie müßten einen Innendurchmesser von zehn bis zwanzig Zentimetern haben; und die Konzentrationslinsen müßten ungefähr fünfhundert Meter voneinander entfernt sein.

Da, wo es sich ohne Schwierigkeiten machen läßt, wird man die Lichtrohre unterirdisch verlegen, weil sie dadurch am besten geschützt sind. Sie sind unter der Erde auch nur sehr geringen Temperaturunterschieden ausgesetzt. Wenn sie durch Gewässer und über Berge führen, müssen sie entsprechend isoliert werden. Ob man sie in den Gebieten, in denen aus irgendwelchen Gründen eine unterirdische Verlegung nicht in Frage kommt, niedrig oder hoch verlegt, hängt von den örtlichen Gegebenheiten ab. Die oberirdische Verlegung wird jedenfalls schwieriger sein als die unterirdische, weil man die Rohre sehr oft abstützen muß, damit sie sich nicht durch ihr eigenes Gewicht durchbiegen.«

»Geht denn auf einer einige hundert oder gar tausend Kilometer langen Strecke durch die Absorption in den Linsen nicht so viel Laserlicht verloren, daß dadurch die Übertragung beeinträchtigt wird? Oder gibt es Laserlichtverstärker, die den Verlust auszugleichen vermögen?«

»Es treten zwar durch die Absorption in den Linsen und auch durch die Lichtbeugung am Linsenrand Verluste auf, aber die sind so gering, daß sie sich erst nach einigen hundert Kilometern bemerkbar machen. Wenn man Strecken von einigen tausend Kilometern überbrücken will, braucht man natürlich Verstärker. Man braucht sie auch bei Abzweigungen, denn man muß jeden Zweigkanal mit der vollen Lichtleistung versorgen. Die an den Gabelungen installierten Lichtverstärker erfüllen außerdem die Aufgabe eines Wählamtes; sie sorgen dafür, daß in die einzelnen Kanäle nur diejenigen Informationen gelangen, die übertragen werden sollen. Diese Wählfunktion übernimmt ein mit dem Lichtverstärker verbundener Computer.«

»Nach welchem Prinzip arbeitet ein Laserlichtverstärker?«

»Der Laserlichtverstärker ist nichts anderes als ein Laser, der die geschwächt ankommende Lichtleistung auf die volle Leistung hochpumpt.«

»Wenn man mit sicher nicht geringem Aufwand zwischen sehr weit voneinander entfernten Orten eine solche Lichtrohrverbindung herstellt, dann wird man sie vermutlich nicht nur für die Übertragung der aus dem Weltraum kommenden Informationen verwenden. Man wird auch Videoprogramme und -gespräche in diesen Rohren übertragen wollen. Würde sich das alles mit einem einzigen Laserstrahl bewältigen lassen?«

»Man kann sich zwar heute noch keine Informationsmenge vorstellen, die die Frequenzkapazität eines Laserstrahls übersteigt, aber es wäre gar nicht notwendig, alles auf einem einzigen Laserstrahl zu übertragen. Wenn man den Lichtrohrdurchmesser groß genug macht, was bei den verhältnismäßig geringen Rohrabmessungen und bei dem in jedem Fall erforderlichen Verlege-Aufwand keine Rolle spielt, dann lassen sich auch mehrere Laserstrahlen durch das Rohr leiten, ohne daß sie sich gegenseitig stören.«

»Besteht denn ein Unterschied, ob man mehrere dünne Laserstrahlen parallel laufen läßt, oder ob man einen Laserstrahl so dick macht, daß er in seinem Querschnitt mehreren Laserstrahlen entspricht? Der Querschnitt des Strahls läßt sich doch ohne weiteres optisch vergrößern; die Bündelungsfähigkeit nimmt dabei sicher nicht ab. Warum also mehrere Strahlen?«

»Die Zahl der Informationen, die sich auf einem Laserstrahl übertragen lassen, ist von seinem Durchmesser unabhängig, genauso wie die Zeilenzahl eines Fernsehschirms unabhängig von seinem Format ist. Maßgebend ist allein der für die Übertragung verwendete Frequenzbereich. Wenn man zehn oder zwanzig Laserstrahlen nebeneinander durch das Lichtrohr leitet, dann hat man den Frequenzbereich, den man in einem Laserstrahl ausnützt, eben zehn- oder zwanzigfach zur Verfügung. Man kann ja auch auf zehn oder zwanzig Telephonleitungen zehn- oder zwanzigmal so viele Ferngespräche übertragen wie auf einer Leitung.«

»Bis jetzt war sehr ausführlich davon die Rede, wie sich Laserlicht als Wellenträger für die Nachrichtenübertragung verwenden läßt. Aber man kann den Laserstrahl doch auch als Meßinstrument einsetzen.«

»Diese Möglichkeit wird schon seit geraumer Zeit in sehr vielfältiger Weise ausgenützt. Bei Tief- und Hochbauten zum Beispiel verwendet man das scharfgebündelte Laserlicht als Leitstrahl. Besonders im Tunnelbau werden damit erhebliche Kosten eingespart, denn es gab bisher keine befriedigenden Methoden, mit denen man Richtungsabweichungen sicher vermeiden konnte. Man war ausschließlich auf Theodoliten angewiesen, mit denen sich Bohrabweichungen nach der Seite und nach der Höhe erst dann feststellen ließen, wenn sie mehr als zehn Zentimeter betrugen. In den engen Tunnelröhren ließen sich diese optischen Meßgeräte nie so genau und stabil aufstellen, wie es für eine exakte Ausrichtung erforderlich gewesen wäre. Die nachträglichen Korrekturen mußten teuer erkauft werden.

Mit einem Laserstrahl läßt sich die Bohrrichtung sehr genau einhalten. Man hängt den Laser einfach so unter der Tunneldecke auf, daß er durch nichts behindert wird. Da der von ihm ausgehende Strahl keinerlei Ablenkung erfährt, kann man ihn als absolut zuverlässiges Richtmaß verwenden. Die Gewißheit, daß die Tunnelbohrmaschine immer in der richtigen Richtung vorgetrieben wird, erhält der Maschinenführer durch die ständige Beobachtung einer Mattscheibe mit einem Fadenkreuz, dessen Mitte sich stets im Zentrum des Laserstrahls befinden muß. Dieses Verfahren wird auch beim Schildvortrieb im U-Bahn-Bau, bei der automatischen Stollen bohrung für Fernwasserversorgungsnetze und bei der Aushebung von Gräben für Pipelines oder für Bewässerungskanäle angewendet. Im Hochbau dient der Laserstrahl zugleich als waagrechte Fluchtlinie und als senkrechtes Lot.

Die Laseranwendung läßt sich in der Bautechnik noch dadurch erweitern, daß man Laserlicht auch für genaue Entfernungsmessungen benützt. Dazu muß am Endpunkt der Meßstrecke ein Reflektor angebracht werden, der den Laserstrahl zum Sender zurücklenkt. Die

Entfernungsmessung kann dann auf zweierlei Weise erfolgen: Man kann ebenso einen kontinuierlichen Laserstrahl wie einen sehr kurzen Laserlichtimpuls verwenden.
Bei der Impulsmessung wird mit einem elektronischen Zählgerät einfach die Laufzeit gemessen, die der etwa eine Hundertmillionstelsekunde währende Lichtimpuls für den Weg vom Sender zum Reflektor und zurück benötigt. Da er sich mit Lichtgeschwindigkeit fortpflanzt, braucht man, um die Entfernung zu ermitteln, nur die Laufzeit mit der Lichtgeschwindigkeit zu multiplizieren.
Bei der Messung mit einem kontinuierlichen Strahl wird dem Laserlicht eine hochfrequente Modulationswelle aufgeprägt, die beim Rücklauf eine charakteristische Wellenüberlagerung hervorruft. Aus der Form dieser Wellenüberlagerung läßt sich wieder die Laufzeit und damit die Entfernung ermitteln.
Jedes dieser beiden Verfahren hat seine Vor- und Nachteile. Die Impulsmessung läßt sich auch dann anwenden, wenn es nicht möglich ist, am Meßziel einen Reflektor anzubringen. Man kann den Impuls so stark machen, daß in jedem Fall genügend Licht zurückkommt, auch wenn das Ziel infolge seiner unregelmäßigen Oberflächenstruktur den Laserstrahl in alle möglichen Richtungen zerstreut. Das geschieht ohne Reflektor fast immer. Der Nachteil bei diesem Verfahren ist, daß man nicht mit sehr großer Genauigkeit messen kann, weil der Lichtimpuls selbst bei der kurzen Dauer von einer Hundertmillionstelsekunde noch eine geometrische Ausdehnung von drei Metern hat. Diese Ausdehnung begrenzt die Meßgenauigkeit. Man könnte zwar den Impuls noch sehr viel kürzer machen, aber das würde die Geschwindigkeit überfordern, mit der die elektronischen Zählgeräte den reflektierten Impuls auszumessen vermögen.
Mit einem kontinuierlichen Laserstrahl läßt sich zum Beispiel eine Entfernung von einem Kilometer bis auf einen Zentimeter, unter Umständen sogar bis auf einen Millimeter genau messen. Aber bei dieser Methode dauert es eine Weile, bis das Meßergebnis vorliegt. Außerdem braucht man in jedem Fall einen Reflektor.«
»Einen solchen Reflektor haben die ersten Mondbesucher ja auch auf dem Mond aufgestellt. Wurden die Messungen, aus denen sich die Entfernung zwischen der Erde und dem Mond auf fünfzehn Zentimeter genau ermitteln ließ, auch mit einem kontinuierlichen Laserstrahl gemacht?«

»Das wäre gar nicht möglich gewesen, denn bei einer Entfernung von rund dreihundertachtzigtausend Kilometern weitet sich der Laserstrahl so auf, daß trotz des hochpräzisen Reflektors kein meßbares Reflexionssignal am Empfänger ankäme. Man war deshalb gezwungen, mit Laserlichtimpulsen zu arbeiten.«
»Aber Sie sagten doch, daß das Impulsverfahren eine so große Genauigkeit gar nicht zuläßt. Weshalb konnte man dennoch so genau messen?«
»Weil man genügend Zeit und auch die technischen Mittel dazu hatte, um durch viele Einzelmessungen die Meßgenauigkeit auf die Größenordnung von einigen Zentimetern einzuengen.«
»Kann man eigentlich jedes beliebige Ziel, ob unbewegt oder bewegt, mit diesem Laser-Radar- oder Ladar-Verfahren, wie Sie es früher einmal nannten, anmessen?«
»Man kann die Entfernung zu jedem Ziel messen, das Licht reflektiert.«
»Das wird man natürlich besonders im militärischen Bereich ausnützen.«
»Selbstverständlich. Und zwar vor allem deshalb, weil sich mit einem scharfgebündelten Laserstrahl auch sehr kleine Ziele deutlich von ihrer Umgebung unterscheiden lassen. Man kann deshalb, wenn man einen Panzer, ein Flugzeug oder vom Flugzeug aus ein Bodenziel anmißt, immer sicher sein, daß die Entfernungsangaben nicht durch andere reflektierende Objekte verfälscht werden. Und was mindestens genauso wichtig ist: Man kann stets sicher sein, daß die in Panzern oder in Flugzeugen eingebauten Meßsender nicht entdeckt, und daß die Messungen nicht durch Störsender unterbunden werden können.
Wenn sich Flugzeuge oder Panzer, wie es bis heute geschieht, mit Mikrowellen orentieren, verraten sie sich selbst, weil die in einem breiten Raumwinkel sich ausbreitenden Mikrowellen sofort entdeckt werden können. Und es ist dann leicht, den Panzer oder das Flugzeug, von dem die Mikrowellen ausgehen, zu orten und mit Raketen, deren Steuerung auf die Frequenz der Radarwellen eingestellt wird, zu vernichten. Außerdem kann man die mit Mikrowellen arbeitende Radar-Orientierung durch Störsender auf einfache Weise ausschalten, indem man entweder ein wirres Wellengemisch ausstrahlt, oder indem man die Radar-Echos so verfälscht, daß zum Beispiel ein Kampfflugzeug seine Bomben über einem weit

vom angemessenen Ziel entfernten und militärisch bedeutungslosen Gebiet abwirft. Das haben die Nordvietnamesen in jüngster Zeit mit Erfolg ausprobiert.

Wenn man künftig für die militärische Ortung statt Mikrowellen Laserstrahlen verwendet, scheiden alle diese Abwehrmöglichkeiten aus. Ein Laserstrahl kann nur dort erkannt werden, wo er auftrifft. Und er kann auch nur vom Auftreffort aus gestört werden. Ein Störsender müßte sich also genau im Meßziel befinden, und das ist so gut wie ausgeschlossen.«

»Wie sich das Ladar-Prinzip im zivilen Bereich anwenden läßt, haben Sie bereits am Beispiel der lasergesteuerten Autos beschrieben. Diese Steuerung läßt sich sicher auch auf andere Verkehrsmittel übertragen.«

»Man kann sie natürlich ebenso im Luft- und im Schiffsverkehr anwenden, allerdings immer unter der Voraussetzung, daß die Wetterverhältnisse freie Sicht gestatten. Im Straßenverkehr, in dem es nur auf verhältnismäßig geringe Sichtweiten ankommt, wird das Ladar-Verfahren nur durch dichten Nebel, durch starken Regen oder durch heftiges Schneien behindert. Im Luft- und im Schiffsverkehr, in dem es um sehr viel größere Sichtentfernungen geht, ist die Behinderung durch ungünstiges Wetter viel häufiger. Deshalb wird man bei allen automatischen Steuerungen Ortungssysteme verwenden, die sich jederzeit auf Mikrowellen umschalten lassen. Man wird dann freilich in Kauf nehmen müssen, daß die Orientierung nicht mehr so genau ist. Aber das gilt, wie gesagt, nur für die Zeit, in der die Sicht behindert ist.«

»Wie schnell dürfen sich Objekte bewegen, um mit Ladarwellen noch genau vermessen werden zu können?«

»Wenn man mit kontinuierlichen Laserstrahlen arbeitet, dürfen sich die Objekte kaum bewegen, weil es, wie gesagt, immer einige Sekunden dauert, bis die Ortungsdaten feststehen. Das liegt einfach an der Technik dieses Verfahrens.

Beim Impuls-Ladar spielt es, wenn die Impulsfolge nur einigermaßen dicht ist, keine Rolle, wie rasch sich ein Objekt bewegt.«

»Aber es wird vermutlich nicht möglich sein, die außerordentlich raschen Bewegungen einer schwingenden Membrane zu messen, um zum Beispiel auf diese Weise Schallwellen, die eine Mikrophonmembrane erregen, unmittelbar und berührungslos mit Licht abtasten zu können.«

»Das ist natürlich nicht möglich, zumindest nicht mit dem Impulsverfahren. Und zwar aus zwei Gründen: Einmal würde man dazu eine extrem rasche Impulsfolge benötigen, und zum anderen sind die Abstandsänderungen bei der schwingenden Membrane so klein, daß sie mit dieser Methode niemals genügend genau gemessen werden könnten. Aber es gibt ein anderes, der kontinuierlichen Ladar-Meßmethode sehr ähnliches Verfahren, mit dem sich sogar Schallwellen abtasten lassen. Man nützt dabei die Frequenzänderung aus, die sich aus der Bewegung des Objekts ergibt, wenn der Laserstrahl an der Oberfläche des Objekts reflektiert wird. Ich habe diesen Dopplereffekt bereits am Beispiel der pfeifenden Lokomotive beschrieben.
Da die Frequenzänderung unmittelbar von der Bewegung der Membrane abhängt, läßt sich ihre Bewegung im Empfänger ohne weiteres rekonstruieren, und man kann schließlich auch die Schallwellen, die diese Bewegung auslösen, hörbar machen.«

»Könnte man auf diese Weise mit Laserstrahlen Gespräche übertragen, ohne die Schallwellen erst in elektrische Signale umwandeln zu müssen?«

»Theoretisch wäre das sicher möglich, aber man wird es kaum versuchen, weil die herkömmliche Technik viel einfacher ist. Dagegen kann man dieses Verfahren für eine Reihe von anderen Zwecken verwenden: Man kann damit zum Beispiel berührungslos die Oberflächenschwingung von Maschinen messen. Das ist, ohne näher darauf einzugehen, in vielen Fällen nicht uninteressant. Es ist auch möglich, Strömungen in Gasen oder Flüssigkeiten zu messen, ohne daß man eine die Strömung störende Sonde dazu braucht. Dabei nützt man die Lichtstreuung durch die bewegten Gas- oder Flüssigkeitsmoleküle aus. In ähnlicher Weise läßt sich auch die Geschwindigkeit von Stahlbändern oder von Tuchbahnen messen, was bei der industriellen Fertigung von Blechen oder von Stoffen gar nicht so einfach ist. Wenn man das mit mechanischen Verfahren macht, greift man damit in die Fertigung ein, weil sich durch den Reibungswiderstand eines mechanischen Abtasters die Geschwindigkeit ändert. Aber je genauer man die Laufgeschwindigkeit an jedem Punkt des endlosen Stahlbandes oder der endlosen Tuchbahn kennt, um so exakter lassen sich die Laufrollen steuern, und um so geringer ist deshalb die Möglichkeit, daß die Qualität des Blechs oder des Stoffs durch eine Ungleichmäßigkeit vermindert wird.
Die raffinierteste Anwendung der Dopplerverschiebung ist wohl das

Abhören von Gesprächen in geschlossenen Räumen, ohne daß dabei ein Mikrophon verwendet wird. Man kann nämlich, so unwahrscheinlich das klingt, die Schallschwingungen im Raum an den Fensterscheiben abtasten. Die Scheiben wirken wie große Membranen, die durch die Gespräche im Raum genauso in Schwingung versetzt werden wie die Membrane eines Mikrophons. Man kann also mit einem Laserstrahl, den man senkrecht auf die Fensterscheibe richtet, alles abhören, was in dem dahinterliegenden Raum gesprochen wird.«

»Auf welche Entfernung kann man eine Fensterscheibe in dieser Weise abfragen?«

»Ich würde sagen, auf eine Entfernung bis zu hundert Metern. Der Laserstrahl muß natürlich immer genau senkrecht auf die Scheibe auftreffen.«

»Eine weite Meßanwendung wird das Laserlicht vermutlich in der naturwissenschaftlichen und technischen Forschung haben.«

»In der Forschung ist der Laser geradezu ein Universalmeßinstrument. Um nur einige Beispiele zu nennen: Man kann mit Laserlicht die Temperatur von sehr heißen Gasen, von sogenannten physikalischen Plasmen messen, mit denen man eines Tages die große Energien liefernde Kernverschmelzung erreichen möchte. Man kann die räumliche Verteilung von Schallwellen in Flüssigkeiten und festen Körpern sichtbar machen und dadurch neue Erkenntnisse gewinnen, die dem Aufbau der Materie gelten. Man kann durch außerordentlich exakte Messungen der Lichtgeschwindigkeit die Einsteinsche Relativitätstheorie besser bestätigen als je zuvor. Es lassen sich geringste Strukturveränderungen in transparenten Körpern, Flüssigkeiten oder Gasen feststellen, indem man das zu untersuchende Material zwischen die Resonatorspiegel des Lasers setzt und die durch das Prüfmaterial hervorgerufene Frequenzänderung mißt. Die Frequenz ist ja ein unmittelbares und genaues Maß für die optische Struktur eines Körpers, einer Flüssigkeit oder eines Gases.

Ein anderes Beispiel unter den vielen, die noch zu nennen wären, ist das Laser-Spektrometer, mit dem sich die Zusammensetzung der verschiedensten anorganischen und organischen Substanzen sehr viel leichter und eleganter feststellen läßt als mit einem herkömmlichen Spektrometer, das mit normalem Licht arbeitet. Bei der bis jetzt üblichen Spektroskopie wird die zu untersuchende Substanz, ein Gas, eine Flüssigkeit oder ein transparenter fester Körper, mit weißem Licht durchstrahlt. Das durchtretende Licht wird mit einem Prisma oder mit einem Beugungsgitter in seine spektralen Farben zerlegt. Aus der Lichtmenge, die in jedem Spektralbereich registriert wird, läßt sich ermitteln, wieviel Licht einer jeden Farbe von der Prüfsubstanz absorbiert worden ist. Da das Spektrometer zuvor geeicht wurde, indem man die spektrale Aufteilung des Meßlichts quantitativ genau bestimmte, erhält man aus der Differenz zwischen dem abgestrahlten und dem nach dem Durchgang durch die Prüfsubstanz von den Photodetektoren registrierten Licht ein zuverlässiges Maß für die Art und die Menge der Atome, aus denen die untersuchte Substanz besteht.

So unkompliziert diese lichtspektroskopische Methode im Grund ist, so kompliziert muß der Spektralapparat sein, wenn man zum Beispiel Substanzen untersuchen will, bei denen sich statt weniger breiter Farbbänder sehr viele und schmale Spektrallinien abzeichnen. Je schmaler die Linien sind und je enger sie beieinander liegen, um so höher muß die Auflösung des Spektrometers sein. Abgesehen davon, daß so hochauflösende Spektrometer sehr teuer sind, haben sie einen nicht unerheblichen Nachteil: Da sich das auf die Probe gerichtete Licht bei seiner Zerlegung auf das gesamte Farbspektrum verteilt, kommt bei den Photodetektoren um so weniger Licht an, je schmaler das Spektral- oder Frequenzband ist. Außerdem läßt sich normales Licht nur sehr schwer ohne großen Lichtverlust auf kleine oder gar kleinste Substanzproben konzentrieren. Für mikroskopisch kleine Proben kann man die heute verfügbaren Lichtspektrometer kaum verwenden.

Bei einem Laserspektrometer würde man die Messungen jeweils nur mit Licht einer ganz bestimmten Wellenlänge vornehmen, wobei sich die Wellenlänge in einem weiten Bereich beliebig verändern ließe. Man könnte beim langsamen Durchstimmen des Lasers auch innerhalb feinster Spektrallinien die Lichtabsorption durch die Prüfsubstanz genau messen und damit eine sichere Aussage über ihre atomare Zusammensetzung machen. Die Messungen wären aus mehreren Gründen erheblich präziser als die Messungen mit den herkömmlichen Spektrometern: Einmal stünde für jede Teilmessung auch in einem noch so schmalen Spektralbereich die volle Lichtleistung zur Verfügung; zum zweiten wäre die Frequenzreinheit der Meßstrahlung so groß, daß sich auch mit einfachen Apparaturen sehr hohe Auflösungen erreichen ließen; und zum dritten könnte man den auf Bruchteile von Millimetern gebündelten Prüfstrahl auch auf mikroskopisch kleine Proben richten.«

»Sie erwähnten als Substanzen, die sich spektroskopisch untersuchen lassen, Gase, Flüssigkeiten und transparente feste Körper. Scheiden undurchsichtige Körper wie Metalle, Halbleiter, Salze, Farbstoffe oder organische Substanzen für die Lichtspektroskopie aus?«

»Keineswegs. Man kann sie genauso untersuchen, wenn man sie zuvor in ein Gas verwandelt, das heißt, wenn man sie verdampft. Und auch dazu bietet sich das Laserlicht an.

Es ist bereits heute in der Forschung und zum Teil auch schon in der Technik üblich, durch starke Laserimpulse, die man auf die Oberfläche eines festen Körpers richtet, einen kleinen Teil seines Materials zu verdampfen und damit der spektroskopischen Messung zugänglich zu machen. Die Atome des Gases, das beim Verdampfen entsteht, werden dabei so angeregt, daß sie selbst Licht aussenden. Dieses Licht ist in seiner spektralen Zusammensetzung ein unmittelbares Maß für die Art und die Menge der in dem Gas beziehungsweise in dem zu untersuchenden Körper enthaltenen Atome. Die Laserverdampfung hat gegenüber der Verdampfung mit einer Gasflamme oder mit einem Lichtbogen den Vorteil, daß die Messung nicht verfälscht wird, weil wirklich nur das zu untersuchende Material verdampft. Bei der Verdampfung mit einer Gasflamme oder einem Lichtbogen gelangen in das leuchtende Gas auch Atome aus dem Brenner beziehungsweise aus den Elektroden der Bogenlampe. Außerdem kann man die Laserimpulse auf mikroskopisch kleine Stellen richten und damit systematisch die Verteilung der Atome auf der Oberfläche des Körpers erkennen.«

»Die Möglichkeit, Metalle oder andere feste Körper mit Laserlicht zu verdampfen, wird ja auch in der Materialbearbeitung ausgenützt.«

»Es haben sich bereits mehrere Bearbeitungsverfahren durchgesetzt, bei denen jeweils ganz bestimmte Lasertypen verwendet werden.

Wenn man Laserlicht einer entsprechend hohen Leistung auf ein für dieses Licht undurchlässiges Material auftreffen läßt, wird die gesamte Lichtleistung in einer Oberflächenschicht absorbiert, die kaum dicker als einen Tausendstelmillimeter ist. Durch die Lichtabsorption wird diese Schicht sehr rasch erhitzt. Man kann dabei die Leistung so bemessen, daß die Oberfläche nicht verdampft, sondern nur schmilzt. Bei längerer Lichtzufuhr dringt die Wärme immer tiefer in das Material ein und heizt es allmählich bis zum Schmelzpunkt auf.

Wie rasch das geschieht, hängt von der Wärmeleitfähigkeit des Materials ab. Bei Metallen entsteht in einer Tausendstelsekunde eine Schmelzzone von einem Zehntelmillimeter Tiefe.«
»Die Schmelzzone kann aber nur sehr schmal sein, da der Laserstrahl doch scharf gebündelt ist.«
»Sie ist höchstens einen Zehntelmillimeter breit. Aber gerade das ist der Vorteil dieser Bearbeitungsmöglichkeit, denn sie läßt sich überall da anwenden, wo es um feinste Verschmelzungen oder Verschweißungen geht. Bei der Fertigung von Mikroschaltungen zum Beispiel müssen sehr oft Drähte von wenigen Hundertstelmillimetern Durchmesser elektrisch leitend miteinander verbunden werden. Sie lassen sich auf diese elegante Weise auch dann verbinden, wenn sie mit einem Lack isoliert sind, denn die Lackschicht wird an der Verbundstelle und nur an der Verbundstelle sofort verdampft. Auf die gleiche Art lassen sich natürlich auch dünne Drähte mit Leitbahnen oder dünne Bleche miteinander verschweißen.«
»Welchen Lasertyp verwendet man bei diesem Schmelz- und Schweißverfahren?«
»Bei der Bearbeitung von Metallen verwendet man Impulslaser, weil es hier in der Regel auf einzelne, sehr kleine Schweißpunkte ankommt. Und man verwendet fast immer Kristall-Laser, weil Metalle deren Licht gut absorbieren. Das Licht des Kohlendioxid-Lasers dagegen wird von ihnen nahezu vollständig reflektiert.
Kunststoffe und Gläser werden mit kontinuierlichen Lasern geschmolzen und geschweißt. Dazu eignen sich wiederum Kohlendioxid-Laser, weil Kunststoffe und Gläser das Licht dieser Wellenlänge gut absorbieren, während sie das Licht von Kristall-Lasern durchlassen. Sie haben auch eine so geringe Wärmeleitfähigkeit, daß man bei ihrer Bearbeitung mit wesentlich kleineren Leistungen auskommen kann als bei der Metallbearbeitung. Deshalb braucht man den Laserstrahl nicht zu pulsen.«
»Was schmilzt und schweißt man an Kunststoffen und Gläsern?«
»Man kann zum Beispiel Plastikfolien miteinander verschweißen; man kann Glas- und Kunststoffphiolen verschließen, was in der chemischen und vor allem in der pharmazeutischen Industrie sehr vorteilhaft ist; und man kann überhaupt alle Arten von Gläsern und Kristallen in beliebiger Weise schmelzen.«
»Und wie bohrt und fräst man mit Laserstrahlen?«
»Indem man die Lichtleistung so verstärkt, daß die Oberflächen-

schicht, auf die der Laserstrahl auftrifft, verdampft, ehe die Wärme in die Tiefe abgeleitet werden kann. Da sich die Wärme auch nicht nach der Seite ausbreitet, erhält man, wenn man den Strahl genügend lang auf das betreffende Material richtet, ein Loch oder, wenn der Strahl wandert, einen glatten Schnitt. Der Laserstrahl arbeitet so genau, daß man Löcher von einem Zehntel-, von einem Hundertstel-, ja sogar von einem Tausendstelmillimeter Durchmesser bohren kann. Beim Fräsen ist die Schnittbreite nicht größer; die Kanten sind also äußerst scharf.«

»Welche Laser verwendet man hierfür?«

»Zum Bohren gepulste, zum Fräsen kontinuierliche Laser. Mit welchen Lichtwellenlängen man dabei arbeitet, hängt wieder davon ab, ob es sich um Metalle, um Kunststoffe, Gläser oder Kristalle handelt.«

»Wozu braucht man Löcher von einem Hundertstel- oder gar Tausendstelmillimeter Durchmesser?«

»Zum Beispiel als Blendenöffnungen für Elektronenmikroskope oder für optische Computer; dafür braucht man die feinsten Löcher. Aber auch für die Uhrenindustrie ist dieses einfache Bohrverfahren sehr vorteilhaft: Die Löcher in den winzigen Rubin-Lagersteinen dürfen nur einen Durchmesser von wenigen Hundertstelmillimetern haben. Bisher mußten diese Löcher mit dünnen Nadeln und Diamantstaub gebohrt werden. Das dauerte jeweils etliche Minuten, und es war auch keine sehr angenehme Arbeit. Die Laserbohrmaschine, die vor kurzem in der Schweiz in Betrieb genommen wurde, durchschießt in einer Minute bis zu sechshundert Rubine. Zehn solche Maschinen wären in der Lage, die Rubin-Lagersteine für die ganze Welt zu durchbohren.

Für das Laserfräsen gibt es noch viel mehr Anwendungsmöglichkeiten: in der Mikro-Elektronik kann man auf diese Weise Verbindungsleitungen trennen, Widerstände abgleichen und Halbleiter- oder Keramikplättchen, auf denen sich mehrere hundert integrierte Schaltkreise befinden, so zerlegen, daß man diese Schaltkreise einzeln zur Verfügung hat. Das sind Beispiele für die Fräs- und Schneidmöglichkeiten in der Miniaturtechnik. Man kann in der industriellen Fertigung mit Laserstrahlen ebensogut Folien-, Papier- oder Stoffbahnen durchtrennen. Man kann sogar Stahlbleche schneiden, wenn man die Wirkung des Laserstrahls dadurch erhöht, daß man reinen Sauerstoff zuführt, der das durch den Laserstrahl erhitzte Material verbrennt. Der auf diese Weise unterstützte Laserstrahl arbeitet dann wie ein Schweißbrenner.«

»Welche Vorteile bieten diese Materialbearbeitungsverfahren gegenüber den herkömmlichen Verfahren, wenn es nicht um mikroskopisch feine Bearbeitungen geht, bei denen der scharfgebündelte Laserstrahl natürlich jedem mechanischen Werkzeug überlegen ist?«

»Die Laserbearbeitung ist einfach wirtschaftlicher. Sie ist schneller, weil es keiner Werkzeugzurüstung bedarf; sie ist zuverlässiger, weil sie einfacher ist; und sie ist rationeller, weil selbst bei größten Stückzahlen, bei hohem Arbeitstempo und in langer Produktionszeit kein Werkzeugverschleiß auftritt, der zu einem Produktionsausfall oder zu einer Qualitätsminderung der Fertigungsprodukte führen könnte.«

»An der Möglichkeit, mit Laserlicht hoher Leistung Material zu zerstören, sind natürlich auch die Militärs in hohem Maß interessiert. Das war ja das erste, was die Öffentlichkeit, angeregt durch makaber-futuristische Filme, an den Laserstrahlen faszinierte: ihre Verwendung als Todesstrahlen.«

»Die ersten in diese Richtung weisenden Spekulationen waren völlig unbegründet, weil man bis vor wenigen Jahren nur Laser mit verhältnismäßig geringen Dauerleistungen kannte. Unbegründet ist auch heute noch die Vorstellung, daß man Laserstrahlen als Abwehrwaffe gegen Interkontinentalraketen, gegen Panzer, Flugzeuge, Schiffe und atombombentragende Satelliten einsetzen könnte. Man brauchte dazu so extrem hohe Leistungen, wie sie auch in absehbarer Zukunft nicht denkbar sind.

Um zum Beispiel einen Panzer aus mehreren Kilometern Entfernung aufschweißen zu können, wäre ein Laserstrahl notwendig, der in einem Querschnitt von etwa einem Quadratmeter den Panzer bis zum Schmelzpunkt erhitzen müßte, denn man kann nicht verhindern, daß sich bei dieser Entfernung der Laserstrahl so stark aufweitet. Das wird man auch in Zukunft nicht verhindern können. Man müßte also auf einer Fläche von einem Quadratmeter die gleiche Leistungsdichte erzeugen können wie bei der Materialbearbeitung auf einer Fläche von weniger als einem Quadratmillimeter. Das heißt, man brauchte die millionenfache Leistung. Bei der Materialbearbeitung erreicht man mit etwa hundert Watt einen brauchbaren Effekt. Um den gleichen Effekt bei der Panzerabwehr zu er-

zielen, müßte man die Laserleistung auf hundert Millionen Watt oder hunderttausend Kilowatt steigern. Da die Panzer zum Schutz gegen Laserstrahlen vermutlich mit einer stark reflektierenden Schicht überzogen würden, müßte die Leistung noch erheblich höher sein, wenn der Laserstrahl auch diesen Schutz durchbrechen können sollte. Die Vorstellung einer so hohen Leistung ist einfach absurd.
Kaum weniger absurd ist der Gedanke, mit Laserstrahlen Interkontinentalraketen oder Bombensatelliten abschießen zu können. Bei den großen Entfernungen, die dabei überwunden werden müßten, würde am Ziel nur ein kleiner Bruchteil der ursprünglichen Laserleistung ankommen.
Aber deshalb scheidet der Laserstrahl als Waffe nicht aus. Im Gegenteil: Er könnte sogar zur gemeinsten und schrecklichsten Waffe werden, weil er sich in erster Linie für die Verstümmelung und Tötung von Menschen einsetzen ließe. Man könnte bereits heute mit dem Strahl eines Kohlendioxyd-Lasers von zehn Kilowatt Leistung auf eine Entfernung von mehr als einem Kilometer starke Hautverbrennungen hervorrufen. Daß man wahrscheinlich in einigen Jahren Kohlendioxyd-Laser mit einer Leistung von hundert Kilowatt und mehr haben wird, erwähnte ich schon. Damit könnte man nicht nur Menschen in grausamster Weise verstümmeln und töten, man könnte einfach alles verbrennen und versengen, was der Laserstrahl erreicht. Und es gäbe kein Entkommen, denn er wäre völlig unsichtbar, er ließe sich exakter als jedes Geschoß auf den Gegner richten und er würde ihn mit Lichtgeschwindigkeit erreichen.«
»Wäre es unmöglich, sich gegen diese Strahlen zu schützen? Würden sie auch dann tödlich wirken, wenn die Soldaten stark reflektierende Schutzanzüge trügen?«
»Das würde die Wirksamkeit dieser Strahlen zwar schmälern, aber nicht unterdrücken. Und bei einer Laserleistung von mehreren hundert Kilowatt würde kein Schutzanzug mehr helfen.«
»Würden diese gefährlich hohen und zu den entsetzlichsten Visionen anregenden Laserleistungen auch für die Atomkernverschmelzung ausreichen, von der man sich für die Zukunft eine viel wirksamere und wirtschaftlichere Energiegewinnung erhofft als von der Atomkernspaltung?«
»Natürlich denkt man seit Jahren daran, mit Laserlicht Kernfusionen herbeizuführen, aber dazu muß man einen anderen Weg einschlagen. Mit kontinuierlichen Laserstrahlen würde man niemals so

hohe Temperaturen erreichen, wie sie für eine Fusion notwendig sind. Die Verschmelzung von Wasserstoffkernen, die man im Auge hat, erfordert Temperaturen von einigen hundert Millionen Grad, wie man sie nur von der Sonne oder von anderen heißen Sternen und von Atombombenexplosionen her kennt. Mit Laserlicht wird man sie in jedem Fall nur für Millionstel oder Milliardstel Sekunden erreichen können, denn die dazu notwendige außerordentlich hohe Lichtenergie läßt sich nur in so kurzen Impulsen erzeugen.«

»Wie kann man Wasserstoffgas, auch wenn es nur für Millionstel oder Milliardstel Sekunden wäre, in einem Behälter auf einige hundert Millionen Grad erhitzen, ohne daß der Behälter, der ja aus irgendeinem Material bestehen muß, einfach wegschmilzt?«

»Man verwendet bei den Experimenten, die man heute macht, den Wasserstoff nicht im gasförmigen, sondern im festen Zustand. Man verwendet auch nicht normalen Wasserstoff, sondern das schwere Wasserstoff-Isotop, das sogenannte Deuterium, das neben dem positiv geladenen Proton zusätzlich ein ungeladenes Neutron im Kern enthält. Um den schweren Wasserstoff, der sich durch Elektrolyse aus Wasser gewinnen läßt, vom gasförmigen in den festen Zustand überzuführen, kühlt man ihn mit flüssigem Helium, das heute in jedem größeren Forschungslaboratorium zur Verfügung steht, auf eine Temperatur ab, die nahe dem absoluten Nullpunkt liegt. Bei 4,3 Grad Kelvin, das sind minus 268,7 Grad Celsius, ist das Deuterium ein fester Körper, in dem die Atome rund hunderttausendmal dichter gepackt sind als im gasförmigen Deuterium.

Wenn man einen Laserimpuls von etlichen Millionen oder gar Milliarden Kilowatt Leistung auf das feste Deuterium richtet, entsteht kurzzeitig eine so hohe Temperatur, daß einige tausend Deuterium-Atome zu Heliumkernen verschmelzen und dabei durch den sogenannten Massendefekt in ähnlicher Weise Energie freisetzen wie bei der Kernspaltung. Die Zahl der Kernverschmelzungsprozesse läßt sich an der Zahl der bei der Fusion freiwerdenden Neutronen ablesen. Entscheidend ist bei diesem Experiment, daß die Laserenergie dem Deuterium so rasch zugeführt werden muß, daß die Atomkerne keine Zeit finden, die aufgenommene Energie als Wärme in ihre Umgebung abzuleiten. Das ist einigen französischen Forschern in Limeil bei Paris vor kurzem gelungen; auf diese Weise konnten sie zum ersten Mal mit Laserlicht eine Kernverschmelzung herbeiführen. Bei diesem im Prinzip erfolgreichen Versuch ist aber nicht annähernd so viel Energie freigeworden, wie als Laserenergie für die Fusionsprozesse aufgewendet wurde. Zur Energiegewinnung könnte nur eine Kettenreaktion führen, aber davon ist man noch weit entfernt, jedenfalls von einer kontrollierten Kettenreaktion. Und darauf kommt es ja an; die unkontrollierte beherrscht man längst mit der wenig ruhmreichen Wasserstoffbombe, die mit einer Kernspaltungsbombe gezündet wird.«

»Wie ließe sich denn mit Laserstrahlen eine gesteuerte Kettenreaktion erreichen?«

»Sie würde nur dann einsetzen, wenn es gelänge, dem Deuterium in kürzester Zeit eine so hohe Energie zuzuführen, daß bei der Verschmelzung von sehr vielen Deuteriumkernen mehr Energie frei wird als man zuführt. Die gewonnene Energie würde erneut zu Kernfusionen führen, dadurch würde wiederum Energie frei und so weiter. Der lawinenartige Prozeß würde so lang ablaufen, bis alle Deuteriumkerne zu Heliumkernen verschmolzen wären.«

»Das wäre doch im Grund nichts anderes als eine Wasserstoffbombenexplosion. Wo läge hier die Kontrolle?«

»Darin, daß man die Menge der zur Fusion gelangenden Deuteriumkerne entsprechend beschränkte. Wenn man jeweils nur winzige Kügelchen von festem Deuterium explodieren ließe, könnte man die dabei frei werdende Fusionsenergie ohne weiteres unter Kontrolle halten. Man muß sich eine mit Laserenergie betriebene Fusionsanlage wie einen Explosionsmotor vorstellen, in dem ständig in rascher Folge Fusionsexplosionen stattfinden. Auch in einem Kolbenmotor kommt es ständig zu kleinen Explosionen.«

»Und wie könnte man die frei werdende Energie abnehmen?«

»Das ist ein Problem, für das man heute noch keine praktikable Lösung angeben kann. Es ist grundsätzlich denkbar, daß man mit diesen Fusionsexplosionen einen riesigen Kolbenmotor betreibt oder daß man durch größere Explosionen einen umfangreichen Wärmespeicher aufheizt, der die gewonnene Energie über einen Wärmeaustauscher an ein Turbinenkraftwerk abgibt.«

»Wäre es nicht möglich, unmittelbar aus der Explosionsenergie elektrischen Strom zu gewinnen?«

»Auch das könnte man sich im Prinzip vorstellen, denn das Fusionsgas, das Plasma, das durch die zugeführte Laserenergie aus dem festen Deuterium entsteht, enthält geladene Teilchen, Elektronen und Ionen, die sich mit unterschiedlicher Geschwindigkeit bewegen.

Es fließt also in dem Plasma ein Strom, den man auf irgendeine Weise nach außen leiten könnte. Aber wie sich das technisch machen ließe, davon hat man noch keine Vorstellung.
Die meisten Plasmaphysiker zweifeln daran, daß es gelingen wird, mit gepulsten Laserstrahlen eine Kettenreaktion herbeizuführen, wie sie die erhoffte Energiegewinnung durch Kernverschmelzung voraussetzt. Sie sind der Meinung, daß der Weg über die Gaskompression durch extrem starke Magnetfelder, mit denen sich ähnlich hohe Temperaturen erzeugen lassen, eher zum Ziel führt.«
»Aber auch dieser andere Weg müßte offenbar zu einer Kettenreaktion führen, denn Sie sagten, daß das die Voraussetzung für eine Energiegewinnung durch Kernverschmelzung ist.«
»Der Ablauf der sich gegenseitig bedingenden Fusionsprozesse wäre im Prinzip der gleiche. Aber es sieht so aus, als ließe sich die zur Einleitung der Kettenreaktion erforderliche Anfangsenergie leichter mit einem starken Magnetfeld als mit Laserimpulsen aufbringen. Damit würde allerdings das Problem der Energieabführung nicht vereinfacht.
So sehr man sich auf der ganzen Welt um eine technisch auswertbare Atomkernverschmelzung bemüht, so genau weiß man, daß dieses Ziel noch in weiter Ferne liegt.«
»Liegt auch ein anderes Ziel noch in weiter Ferne: der Röntgenlaser, der es eines Tages gestatten würde, Atome sichtbar und damit auch manipulierbar zu machen?«
»Mit dieser Frage berühren Sie zwei Probleme: Ob es je gelingen wird, Laserstrahlen mit Wellenlängen im Röntgenstrahlenbereich zu erzeugen, ist noch völlig ungewiß. Nicht weniger ungewiß ist, ob man, wenn es solche Laser eines Tages gäbe, in der Lage wäre, einzelne Atome sichtbar zu machen und zu manipulieren.
Es wird äußerst schwierig sein, einen Kristall oder einen anderen Körper so stark anzuregen, daß die in ihm enthaltenen Atome durch stimulierte Emission Röntgenstrahlen aussenden und verstärken. Es gibt grundlegende physikalische Gesetze, aus denen hervorgeht, daß zur Erzeugung von Laserstrahlen mit Frequenzen, die höher sind als die des ultravioletten Lichts, Pumpenergien notwendig sind, wie man sie sich heute noch nicht vorstellen kann.«
»Könnte man diese extrem hohen Pumpenergien nicht ebenfalls mit einem Laser aufbringen? Sie betonten doch immer wieder, zu welch riesigen Leistungen man mit einem Laser gelangen kann.«

»Grundsätzlich müßte ich nein sagen, weil man das Lasermaterial, einen Kristall oder einen anderen Körper, aus dem man Laserlicht einer bestimmten Frequenz gewinnen möchte, immer mit einer höherfrequenten Strahlung anregen muß. Das ist ein physikalisches Gesetz. Man kann sich allerdings vorstellen, daß sich durch ähnliche Prozesse, wie sie bei der auf die Kernverschmelzung abzielenden Aufheizung ablaufen, die Atome in dem Lasermaterial so anregen lassen, daß sie Röntgenstrahlen aussenden und verstärken. Man wird aber wahrscheinlich einen anderen Weg gehen und versuchen, die Laser-Atome mit hochenergetischen Elektronenstrahlen zur Röntgenlichtaussendung und -verstärkung anzuregen. Auf diese Weise erzeugt man ja auch in den herkömmlichen Röntgenröhren Röntgenstrahlen. Aber bei den Röntgenröhren, die man heute kennt, ist die Zahl der durch die Elektronenstrahlen zur Röntgenlichtaussendung angeregten Atome derart gering, daß sich daraus niemals eine Verstärkung ergeben könnte.«
»Aber bei der Erzeugung von Laserlicht ist, wie Sie sagten, die in eine bestimmte Richtung weisende Anfangsstrahlung auch sehr gering und wird erst durch die Resonatorspiegel der ständigen Verstärkung im Laserkristall oder im Lasergas zugeführt.«
»Mit den Spiegeln, die man zur Erzeugung von Laserlicht in dem Bereich zwischen dem Infrarot und dem Ultraviolett verwendet, lassen sich leider keine Röntgenstrahlen reflektieren, denn für Röntgenlicht sind diese Spiegel durchlässig. Es gäbe allerdings einen Ausweg: Man kann nämlich Röntgenstrahlen einer bestimmten Frequenz an den regelmäßigen Atomgittern von Kristallen reflektieren lassen, aber jeweils nur in einem bestimmten Winkel. Es wäre möglich, mehrere Kristalle so hintereinanderzuschalten, daß sie die Wirkung eines Resonatorspiegels haben. Das Spiegelproblem wäre also grundsätzlich lösbar, aber man kennt noch kein Material, in dem sich Röntgenstrahlen verstärken lassen.«
»Ist ein solches Material auch nicht denkbar, oder hat man es einfach noch nicht entdeckt?«
»Das ist keine Frage der chemischen Zusammensetzung des in Frage kommenden Materials, sondern seiner physikalischen Anregbarkeit. Im Grund wären sogar sehr viele Materialien dafür geeignet, aber es fehlen heute noch die Mittel, um stimuliertes Röntgenlicht aus ihnen herauszulocken. Bei dem Versuch, einen Kristall oder einen anderen Körper mit Elektronenstrahlen so anzuregen, daß es zu

einer stimulierten Röntgenlichtaussendung kommt, würde sich das Lasermaterial so erhitzen, daß es verdampfen würde, ehe es zu einer Lichtemission käme. Das ist eben das Problem: Man muß dem Lasermaterial eine extrem hohe Pumpenergie zuführen können, ohne daß es dabei zerstört wird. Die Lösung dieses Problems wird sicher viele Jahre in Anspruch nehmen, aber es gibt kein physikalisches Gesetz, das eine Lösung grundsätzlich ausschließt.«

»Und warum könnte man, wenn man einen Röntgenlaser zur Verfügung hätte, nicht ohne weiteres Atomstrukturen sichtbar machen? Der Vorteil des Röntgenlichts liegt doch gerade darin, daß seine Wellenlänge kleiner ist als die Atome und ihre Abstände voneinander.«

»Eine Abbildung mit Röntgenlicht ist deshalb nur schwer möglich, weil es nicht nur keine Spiegel gibt, die Röntgenlicht reflektieren, sondern auch keine Linsen, mit denen sich Röntgenstrahlen brechen lassen. Glaslinsen lassen Röntgenstrahlen durch, ohne daß dabei ihre Richtung verändert wird. Wenn es Röntgenlinsen gäbe, brauchte man für die Abbildung von Atomstrukturen gar keinen Röntgenlaser; man könnte ein Röntgenmikroskop bauen, das mit normalen, inkohärenten Röntgenstrahlen arbeitet, genauso wie ein Lichtmikroskop oder ein Elektronenmikroskop mit inkohärenten Strahlen arbeitet.«

»Ich dachte weniger an ein Röntgenmikroskop als daran, Moleküle oder Atome mit Röntgenlaserlicht holographisch abzubilden. Wäre das möglich?«

»Grundsätzlich ja, aber auch bei diesem Versuch müßten erhebliche Schwierigkeiten überwunden werden. Man kennt zum Beispiel heute noch kein Material, auf dem sich Interferenzmuster von Röntgenstrahlen aufzeichnen ließen. Die Abstände der interferierenden Wellenberge und -täler wären in einem Röntgen-Hologramm zehntausendmal kleiner als in einem mit sichtbarem Licht aufgenommenen Hologramm. Ich erwähnte bereits, daß selbst für holographische Aufzeichnungen mit sichtbarem Laserlicht heute noch kein befriedigendes Material zur Verfügung steht. Sie müssen sich vorstellen, daß die Interferenzabstände bereits bei weichen, also verhältnismäßig langwelligen Röntgenstrahlen nicht viel größer sind als die Abstände der Moleküle oder Atome, aus denen das Aufzeichnungsmaterial besteht.

Eine andere Schwierigkeit ergäbe sich daraus, daß man die Substanzen, um ein Hologramm von ihrer molekularen oder atomaren Struktur aufnehmen zu können, völlig ruhig halten müßte, damit man bei der Hologrammaufnahme genügend lang belichten könnte. Die Moleküle und Atome bewegen sich auch bei normaler Zimmertemperatur so stark, daß man mit unvorstellbar kurzen Belichtungszeiten auskommen müßte. Es gäbe wahrscheinlich nur die Möglichkeit, die abzubildenden Substanzen so abzukühlen, daß die Wärmebewegung der Moleküle und Atome aufhört. Das geschieht erst in der Nähe des absoluten Nullpunkts. Aber da man, wie gesagt, schon heute fast überall flüssiges Helium zur Verfügung hat, wäre eine solche Abkühlung nicht ausgeschlossen.«

»Angenommen, es gäbe ein geeignetes Aufzeichnungsmaterial und man könnte die Substanzen, deren Molekül- oder Atomstruktur man untersuchen möchte, so ruhig halten, wie es die Hologrammaufnahme erfordert, wie ließen sich die einzelnen Moleküle und Atome für das Auge sichtbar machen? Sie würden zwar bei der Wiedergabe des Hologramms räumlich erscheinen, aber dabei würden sie nicht größer und wären daher dem Auge unzugänglich.«

»Deshalb würde man das Hologramm bei der Wiedergabe nicht mit Röntgenlaserlicht, sondern mit sichtbarem Laserlicht beleuchten, weil dadurch die Abbildung vergrößert würde, und zwar im gleichen Verhältnis, in dem sich die Wellenlängen von Röntgenlicht und sichtbarem Licht voneinander unterscheiden. Der Vergrößerungsmaßstab läßt sich leicht ausrechnen: Da die Wellen des sichtbaren Lichts rund zehntausendmal länger sind als die Wellen des Röntgenlichts, würden die Atome und ihre Abstände zehntausendmal größer erscheinen.«

»Würde das ausreichen, um sie sehen zu können?«

»Mit bloßem Auge würde man sie noch nicht erkennen, aber man könnte die holographische Rekonstruktion dann mit einem normalen Mikroskop betrachten.

Es gäbe auch noch eine andere Möglichkeit, die es gestatten würde, molekulare und atomare Strukturen sichtbar zu machen, ohne daß man sie holographisch aufzeichnen müßte. Wenn es gelänge, mit Röntgenlaserlicht Hologramme herzustellen, die wie Linsen wirken, weil sie Röntgenstrahlen so beugen, daß es zu einer vergrößerten Abbildung kommt, dann könnte man ein Röntgenmikroskop bauen, das nicht viel anders aussähe als ein normales Lichtmikroskop. Statt aus Glaslinsen bestünde die Optik eines solchen Röntgenmikroskops aus Hologramm-Linsen, und statt mit normalem Licht würde man eben mit Röntgenlaserlicht arbeiten.«

»Halten Sie es für möglich, daß man dann auch in die molekulare oder atomare Struktur eingreifen und auf diese Weise alle Substanzen beliebig verändern könnte?«

»Wenn man kühn genug ist, alle diese vorerst noch rein theoretischen Möglichkeiten für realisierbar zu halten, dann kann man auch so kühn sein und diesen Gedanken verfolgen. Gesetzt den Fall, man könnte Molekül- und Atomstrukturen sichtbar kontrollieren, dann brauchte man lediglich noch ein Werkzeug, um sie auch manipulieren zu können. Dieses Werkzeug wäre natürlich wieder ein Röntgenlaserstrahl, der durch eine Hologramm-Linse so fein gebündelt werden müßte, daß damit Teile eines Moleküls oder einzelne Atome verändert werden könnten.«

»Brauchte man dazu auch wieder eine sehr hohe Laserleistung?«

»Ganz im Gegenteil: Man würde mit Leistungen auskommen, die sich in winzigen Bruchteilen von Watt messen ließen. Es würde nämlich ein einziges, von einem Molekül oder Atom absorbiertes Röntgen-Quant genügen, um eine chemische Veränderung hervorzurufen.«

»Dazu müßte man natürlich wissen, welche chemischen Veränderungen notwendig wären, um den beabsichtigten Effekt zu erreichen.«

»Selbstverständlich. Aber wenn einmal die Möglichkeit besteht, Atomstrukturen sichtbar zu machen und zu manipulieren, dann wird sich sehr rasch ein neues naturwissenschaftliches Spezialgebiet auftun, das man vielleicht Molekularmutistik oder einfach Molekuletik nennen wird. Die auf diesem neuen Gebiet tätigen Forscher würden bald herausgefunden haben, welche physikalischen, chemischen und biologischen Effekte durch welche Molekül -oder Atomveränderungen hervorgerufen werden.«

»Aber ist es denkbar, daß sich in einer anorganischen oder organischen Substanz einzelne Moleküle und Atome verändern lassen, ohne daß dabei andere Moleküle und Atome ungewollt beeinflußt werden?«

»Wenn man mit der räumlichen Abbildung molekularer und atomarer Strukturen eine übersichtliche Kontrolle hat, wird es nicht geschehen, daß unerkannte Veränderungen auftreten. Um zu verhindern, daß auch ungewollte Veränderungen entstehen, muß man mit entsprechenden Experimenten herausfinden, welche Moleküle und

Atome sich mit welchen Wellenlängen verändern lassen, ohne daß dabei die anorganische oder organische Substanz im ganzen gestört wird. Gerade das wird die Hauptaufgabe der Molekularmutistik oder Molekuletik sein.

»Der Gedanke, daß es eines Tages möglich sein wird, auf diese Weise gezielt in die unbelebte und belebte Materie einzugreifen, ist ebenso faszinierend wie beklemmend. Er ist faszinierend, weil der genaue Einblick in die Materie ihre Zusammenhänge und ihre Wechselwirkungen bis ins Letzte erkennen ließe. Dafür dürfte der Preis einer langwierigen und aufwendigen Forschung nicht zu hoch sein.

Beklemmend ist der Gedanke, weil die Möglichkeit, auch die belebte Materie zu manipulieren, den Mißbrauch nicht ausschließt und deshalb unabsehbaren Konsequenzen Raum bietet.«

5

Das Licht von morgen und sein Preis

Frank und Marcel, die beiden in eine nahe Zukunft hineingedachten Freunde, wie werden sie dem zu erwartenden Fortschritt begegnen? Werden sie die von uns vorbereiteten Errungenschaften uneingeschränkt begrüßen, oder wird ihre perfekt funktionierende Zivilisation Langweile und Unbehagen verbreiten? Könnte es sein, daß sie sich manchmal zurücksehnen in eine Vergangenheit, in der das Erreichbare noch erreichenswert, das Unbekannte noch erregend und das Natürliche noch unverfälscht war? Um welchen Preis werden sie eine Gegenwart erkaufen müssen, in der das Dasein um so unausgefüllter und fragwürdiger wird, je ungefährdeter und bequemer es ist?

Es hätte wenig Sinn, diese Fragen in einem weiteren, abschließenden Romankapitel beantworten zu wollen, denn im Konjunktiv der Phantasie würde ihre ernsthafte Erörterung zu einem bloßen Gedankenspiel verblassen. Deshalb legen Frank und Marcel nunmehr ihre Namenmasken ab und versuchen das Morgen, für das sie erfunden wurden, als Physiker und Autor von heute zu werten.

»Sie fragen nach dem Preis, den es für alle die Errungenschaften, die wir so selbstverständlich und bisweilen kühn in die Zukunft projiziert haben, zu zahlen gilt. Ich nehme an, daß Sie damit zweierlei meinen: die Kosten, die aus dem wissenschaftlich-technischen Fortschritt erwachsen, und die menschlichen Konsequenzen, die sich aus diesem Fortschritt ergeben.

Die Kosten lassen sich, da es überschaubare und errechenbare Größen sind, ziemlich genau voraussagen. Die Menschen von morgen werden sich das Licht von morgen, wie Sie es nennen, nicht weniger leisten können als das Licht von heute. Die Geräte, in denen es erzeugt, und die Apparaturen, in denen es verwendet wird, werden, am künftigen Einkommen gemessen, nicht teurer sein als heute Glühbirnen, Scheinwerfer, Speziallampen, Kameras oder Fernsehapparate.«

»Aber allein die Computer, mit denen fast alle diese Geräte ausgerüstet sein werden, bedeuten doch einen technischen Aufwand, der sich mit dem der heutigen Konsumgeräte kaum vergleichen läßt.«

»Als man vor etwa vierzig Jahren zum ersten Mal versuchte, Fernsehbilder aufzunehmen und zu übertragen, konnte sich wohl niemand vorstellen, daß ein Fernsehapparat heute viel selbstverständlicher sein würde, als es damals ein Telephon war. Hätte man 1930 ein Farbfernsehgerät vorgeführt, dann wäre das ganz sicher eine Sensation gewesen, wie sie heute kaum ausgelöst würde, wenn man auf einem wandgroßen Videoschirm einen Hologramm-Film zeigen könnte.

Es ist ein Irrtum zu glauben, daß ein Gerät teuer ist, weil es kompliziert ist. Ein in großen Stückzahlen hergestelltes kompliziertes Gerät ist erheblich billiger als ein in kleinen Stückzahlen gefertigtes einfaches Gerät. Zu dem wenigen, was in den letzten Jahren nicht teurer, sondern sogar wesentlich billiger geworden ist, gehören vor allem elektrische und elektronische Geräte, obwohl zum Beispiel die kleinen Transistorapparate, mit denen heute bereits Kinder spielen, in ihrer Technik aufwendiger sind als die teuersten Rundfunkempfänger der Dreißigerjahre. Daß Computer gegenwärtig noch verhältnismäßig kostspielig sind, liegt weniger an ihrem komplizierten technischen Aufbau als daran, daß sie nur als Einzelstücke hergestellt werden.

Man geht zur Zeit noch immer davon aus, daß mit einem Computer möglichst viele arbeiten sollen, damit er rentabel ist. Das erinnert an die Zeit der Dampfmaschinen, als in einer Fabrik ein einziger großer Dampfmotor stand, mit dem über zahlreiche Wellen und Treibriemen viele Maschinen angetrieben wurden. Heute hat jede noch so kleine Maschine ihren eigenen Motor. So wird es in absehbarer Zeit auch mit den Computern sein: Statt mit wenigen teuren Großrechnern wird man mit vielen billigen Tisch -oder Einbaucomputern arbeiten. Die Massenfertigung wird kleinere Computer genauso zu Konsumgeräten werden lassen, wie es heute vollautomatische Waschmaschinen oder Fernsehapparate sind. Die jüngste Entwicklung hat gezeigt, daß sich selbst die kompliziertesten elektronischen Schaltelemente in der Massenherstellung zu einem Preis anfertigen lassen, der im Vergleich mit den Verarbeitungskosten gar nicht mehr ins Gewicht fällt. Künftig wird man auch die Verarbeitung weitgehend automatisieren und damit die Preise für elektronische Geräte erheblich senken. Man wird die Preise noch viel weniger als heute nach dem Material- und Arbeitsaufwand kalkulieren, sondern nur noch danach, was die Käufer für elektronische Geräte zu zahlen bereit sind.

Das wird auch für sämtliche Lasergeräte gelten. Daß das keine bloße Vermutung ist, läßt sich mit Erfahrungswerten belegen: Vor fünf Jahren kostete ein einfacher Gaslaser noch fünfundzwanzigtausend Mark; ein gleichwertiger Laser, der zudem noch zehnmal kleiner ist, kostet heute fünfhundert Mark.

Man kann also abschätzen, daß das Videophon der Zukunft nicht weniger leicht erschwinglich sein wird als gegenwärtig ein Farbfernsehapparat. Der Preis, zu dem sich medizinische Lasergeräte herstellen ließen, würde schon jetzt ihre Anwendung als selbstverständlich erscheinen lassen. Auch der Einsatz von Lasern im Weltraum wird, selbst wenn man an gigantische interstellare Sender und Empfänger denkt, bei weitem nicht den Aufwand erfordern, den zum Beispiel das Apollo-Programm verlangte.

Da die Laser-Entwicklung zweifellos nicht durch Kostenfragen aufgehalten wird, und da man die physikalischen und technischen Prinzipien, auf die sich diese Entwicklung stützen wird, zum großen Teil kennt, wird sicher vieles, was heute noch kühn erdacht erscheint, in einigen Jahrzehnten Wirklichkeit werden.«

»Und was wird sich daraus ergeben?

Gewiß, manches und vielleicht sogar vieles wird die Menschen weiterbringen. Der Verkehr wird sicherer, die Medizin wird über neue diagnostische und therapeutische Möglichkeiten verfügen, die naturwissenschaftliche Forschung wird den Aufbau der Materie und den Ablauf des organischen Geschehens enträtseln, die Industrie wird mit neuen Fertigungs- und Bearbeitungsverfahren ihre Produkte verbessern und verbilligen, die Kontrolle der Erde vom Weltraum aus wird dazu führen, daß man Stürmen und Überschwemmungen rechtzeitig begegnen und daß man die Bodenschätze und -erträge voll ausschöpfen kann, und das Videophon wird die Menschen so miteinander verbinden, daß sie sich überall und jederzeit nahe sein können.

Aber wird unseren Kindern und Enkeln mit dem Laser nicht ein Instrument in die Hand gegeben, mit dem sie letzten Endes mehr Unheil als Heil anrichten, weil es ihnen eine Macht verleiht, der sie nicht widerstehen können? Das sind wohl keine vagen Befürchtungen, denn auch dafür gibt es Parallelen der Erfahrung: Die Mög-

lichkeit, Atomkerne zu spalten und dabei ungeheure Energien freizusetzen, wurde zuerst in Atombomben ausgenützt; und die Verschmelzung von Atomkernen, die noch viel wirksamer ist, dient vorläufig ausschließlich kriegerischen Zwecken.
Wer kann verhindern, daß der Laser zu einer nicht weniger schrecklichen Waffe wird? Und wer kann verhüten, daß sich diejenigen, die ihn als Manipulator verwenden, zu Herren über das biologische Geschehen machen, indem sie in die pflanzliche, tierische und womöglich sogar menschliche Vererbung eingreifen?«
»Beides wird sich kaum vermeiden lassen. Daran zu glauben, daß die menschliche Vernunft frühzeitig jedem Mißbrauch Einhalt gebietet, wäre leichtfertiger als anzunehmen, daß alles so kommen wird, wie wir es beschrieben haben. Man kann auch nicht erwarten, daß die Naturwissenschaftler und Techniker darauf verzichten, eine Entwicklung voranzutreiben, weil sie neben den Segnungen, Erleichterungen und Annehmlichkeiten auch die Gefahren sehen, die daraus erwachsen können. Der Erkenntnisdrang war stets stärker als die Furcht. Und wäre er nicht stärker gewesen, dann würden wir heute nicht viel anders leben als die Menschen im Mittelalter.«
»Aber es ist wenig tröstlich zu wissen, daß die geistigen Errungenschaften immer erst nach einer gewissen Zeit zu vernünftigen Errungenschaften werden. Es ist, wenn man an die Zukunft denkt, um so weniger tröstlich, weil man doch befürchten muß, daß die durch gezielte Eingriffe hervorgerufenen Veränderungen von Organismen eines Tages nicht mehr nur dazu dienen, Anomales und Krankes auszumerzen, sondern dazu, Pflanzen, Tiere und Menschen entstehen und sich vererben zu lassen, deren Eigenschaften so kalkuliert sind, daß das Leben auf der Erde wie ein perfekter Mechanismus funktioniert, in dem jede Pflanze, jedes Tier und schließlich auch jeder Mensch den ihm mit seinen Anlagen zugewiesenen Zweck erfüllt.
Dieser Gedanke ist viel grauenvoller als der, daß das Laserlicht zu einer verheerenden Waffe werden könnte. Man wird sie sicher entwickeln und man wird sie wahrscheinlich auch ausprobieren, aber man wird sie vermutlich genauso zurückhalten wie die chemischen, biologischen und atomaren Waffen. Erbeigenschaften dagegen lassen sich verändern, ohne daß man zunächst etwas davon merkt. Man kann auch jederzeit damit argumentieren, daß die Eingriffe in Gene nur dazu dienen, die durch natürliche Mutationen bedingten Fehler und Störungen auszuschalten. Wie wäre überhaupt noch eine Kon-

trolle möglich, ob bei der Untersuchung der Erbträger, die man zweifellos anstellen wird, die Erbträger manipuliert wurden oder nicht? Und aus welchen gesetzlichen Bestimmungen könnte hervorgehen, welche Veränderungen in jedem einzelnen Fall erlaubt und welche unerlaubt sind?«

»Eine Kontrolle würde man dadurch haben, daß man es zumindest in der Humanbiologie zur Pflicht machte, alle die Vererbung betreffenden Untersuchungs- und Korrekturergebnisse aufzuzeichnen, so daß sie jederzeit überprüfbar sind. Man würde sicher auch versuchen, mit entsprechenden gesetzlichen Bestimmungen wenigstens ungefähr das Unerlaubte vom Erlaubten abzugrenzen. Aber es ließe sich wohl kaum eine Verfügung ausarbeiten, die für jeden einzelnen Fall als Maß gelten könnte. Wenn sich heute ein Chirurg an eine Organtransplantation wagt, kann er seine Verantwortung auch nicht auf präzis formulierte Gesetze stützen. Der Biophysiker, der sich mit Genveränderungen befaßt, müßte genauso verfahren wie der Arzt: Er müßte letzten Endes immer selbst entscheiden und selbst die Verantwortung für seine Entscheidung übernehmen.

Die künftige Entwicklung der Forschung wird ganz allgemein dazu führen, daß sich mit der Anwendung ihrer Ergebnisse eine unmittelbare persönliche Verantwortung verbindet. Aber in diese Verantwortung werden sich jeweils mehrere teilen, denn je weiter die Wissenschaft in die Zusammenhänge der Natur eindringt, um so komplizierter werden ihre Apparaturen und um so mehr fordert sie das Team. Und je größer das Team ist, um so geringer ist die Gefahr, daß es seine Möglichkeiten mißbraucht. Viele Mitwisser sind der beste Schutz.«

»Sie meinen also, es wäre nicht möglich, daß sich ein einzelner einen Röntgenlaser anschafft und im verborgenen damit arbeitet?«

»Das wird nicht auszuschließen sein. Wenn es wirklich eines Tages Röntgenlaser gibt, wird man sie genauso kaufen können, wie man heute Durchleuchtungsgeräte kaufen kann. Man wird nicht verhindern können, daß einige wenige Personen auf eigene Faust gesteuerte Genmanipulationen vornehmen, genausowenig wie man heute verhindern kann, daß irgendeiner mit normalen Röntgenstrahlen ungesteuerte Mutationen hervorruft. Aber es ist so gut wie ausgeschlossen, daß jemand im Verborgenen mit menschlichen Keimen experimentiert. Der medizinische Aufwand wäre viel zu groß, als daß er sich geheimgehalten ließe. Hier sehe ich keine ernste Gefahr.

Viel problematischer ist die Erwägung, ob es der menschlichen Gesellschaft auf die Dauer zuträglich wäre, wenn die Eltern das Geschlecht ihrer Kinder bestimmen könnten. Das würde gewiß dazu führen, daß nach einer bestimmten Zeit das zahlenmäßige Gleichgewicht der Geschlechter erheblich ins Wanken geriete. Da die freie Wahl, ob das Wunschkind ein Junge oder ein Mädchen sein soll, vermutlich der jeweiligen Zeitströmung unterläge, würden plötzlich viel mehr Jungen als Mädchen oder umgekehrt viel mehr Mädchen als Jungen geboren. Das hätte fatale Konsequenzen, und zwar nicht nur für die Wunschkinder, deren Heiratsaussichten durch ein zahlenmäßiges Übergewicht des einen oder anderen Geschlechts bedenklich geschmälert würden, sondern für die ganze menschliche Gesellschaft. Ihre wichtigsten Maßstäbe würden mit einem Mal nicht mehr gelten. Das Ausbildungs- und Berufssystem, das Familienleben, die Umgangsformen, das alles wäre einer wechselhaften Willkür unterworfen. Wenn jedes Ehepaar die Freiheit für sich in Anspruch nähme, das Geschlecht seiner Kinder zu bestimmen, würde nach wenigen Generationen die menschliche Gesellschaft in ihrer Existenz gefährdet oder zumindest zu Lebensformen gezwungen, die wir aus unserer Sicht für völlig unannehmbar halten.«

»Dabei wäre, um das Geschlecht der Kinder zu bestimmen, gar nicht einmal eine Chromosomenveränderung, sondern lediglich eine Prüfung erforderlich. Welche Probleme würden sich erst auftun, wenn die Möglichkeit bestünde, die Erbträger zu manipulieren!«

»Bei Pflanzen und Tieren würde man damit zweifellos sehr viel erreichen können, weil sich beliebig viele Experimente anstellen ließen, mit denen man alle Folgen einer Genbeeinflussung erproben könnte. Es wäre auch denkbar, daß man beim Menschen mit einer verhältnismäßig einfachen Manipulation die Haar- oder Augenfarbe bestimmt, denn man weiß, daß diese Merkmale in den Genen an einigen wenigen Stellen eindeutig fixiert sind. Aber es ist, zumindest heute, unvorstellbar, daß man jemals in ähnlicher Weise Charaktereigenschaften oder geistige Fähigkeiten bestimmen kann, weil die Anlagen dazu so über die ganze Genstruktur verteilt sind, daß man sie auch mit einem Röntgenmikroskop nicht eindeutig lokalisieren könnte. Da Mutationen, ganz gleich, ob sie sich von selbst ergeben oder ob sie durch einen Eingriff hervorgerufen werden, in den allermeisten Fällen zu einer Verschlechterung der Erbanlagen führen, müßte man bei dem Versuch, Menschen mit hervorragenden Charakter- und Geistesanlagen zu züchten, ungeheuer viele Mißerfolge in Kauf nehmen. Dazu wird sich – hoffentlich – niemals eine menschliche Gesellschaft bereit finden.«

»Und Sie haben keine Sorge, daß die Manipulation pflanzlicher und tierischer Gene Zuchtprodukte entstehen ließe, die als Nahrungsmittellieferanten oder als lebendiges Spielzeug nur noch Mittel zum Zweck wären? Von einer natürlichen Flora und Fauna könnte dann wohl kaum mehr die Rede sein.«

»Man wird sich den neuen Zuchtmöglichkeiten, die sich aus der Genmanipulation ergeben, genausowenig verschließen wie allen anderen Errungenschaften, mit denen man die Natur korrigiert und überlistet, um sie sich dienstbar zu machen. Sie sagen, die Zuchtprodukte wären schließlich nur noch Mittel zum Zweck. Das sind sie doch schon lange. Fast alle Boden- und Baumfrüchte, die meisten Zierpflanzen und Blumen und alle domestizierten Tiere sind Züchtungen, die auch durch Mutationen entstanden sind. Man hat in jüngster Zeit alles mögliche versucht, um Mutationen hervorzurufen, die jeweils einem bestimmten Zweck dienen, und danach hat man die Zuchtwahl ausgerichtet. Wenn man alle die Pflanzen und Tiere aufzählen wollte, die das Ergebnis einer gezielten Auslese sind, ergäbe das einen stattlichen Katalog. Und keiner wird von diesen Zuchtprodukten, die unserer Ernährung oder allein unserer Freude dienen, behaupten, sie seien unnatürlich Geschöpfe. Man wird es auch von den Pflanzen und Tieren nicht behaupten, die möglicherweise eines Tages durch Genveränderungen gezüchtet werden. Man vereinfacht lediglich das Ausleseverfahren. Es ist nicht mehr so langwierig und so von Zufällen abhängig wie das heute praktizierte Ausleseverfahren. Aus der Zuchtwahl, bei der man immer nur aus verhältnismäßig wenigen Mutationen auswählen kann, wird eben eine Wahlzucht, die es gestattet, unter vielen möglichen Mutationen die gewünschten direkt herbeizuführen. Die Ziele, die man damit verfolgen wird, werden die gleichen sein wie bei der Zuchtwahl von heute: Man wird Nutzpflanzen und Nutztiere züchten, die in der bestmöglichen Weise dem Bedarf und den Ansprüchen genügen; und man wird Zierpflanzen und Haustiere züchten, die jeweils der Neigung und dem Geschmack der kommenden Generationen entsprechen. Ich glaube nicht, daß man dabei fragwürdige Experimente anstellen wird, denn was hätte es für einen Sinn, Pflanzen und Tiere entstehen zu lassen, für die keiner Verwendung oder Verständnis hätte?«

»Ich zweifle daran, daß es ein Fortschritt wäre, wenn man Pflanzen und Tiere beliebig der Mode unterwerfen könnte. Was uns an der Natur gefällt, was wir an ihr bestaunen und bewundern, ist doch gerade ihre ungehinderte und unbeeinflußte Selbstentfaltung. Wir haben auch zu Pflanzen und Tieren, die sich in freier Wildnis entwickelt haben, ein anderes Verhältnis als zu Zuchtpflanzen und Zuchttieren. Wir erfreuen uns zwar an langstieligen Rosen und üppigen Tulpen, wir genießen kernlose Orangen und riesenhafte Trauben und lassen uns von edlen Pferden und Hunden imponieren, aber Erholung suchen wir in der unzivilisierten Natur, weil sie verschwenderisch mit Spielarten aufwartet, die nicht durch menschliche Absicht hervorgerufen wurden.
Ich frage mich, ob die Menschen nicht erheblich ärmer würden, wenn sie sich nur noch mit Pflanzen und Tieren umgäben, die sich wie Kleidungs- oder Möbelstücke auswählen und auswechseln lassen, und ob sie einer Natur, die sich allen ihren Wünschen, Neigungen und Launen fügt, nicht bald überdrüssig würden.«
»Das kann sehr gut sein. Zunächst werden sie vermutlich alles Neue begrüßen und darin jede nur mögliche Abwechslung suchen. Aber nach einer Weile wird auch die Abwechslung reizlos sein, weil sie zur selbstverständlichen Gewohnheit geworden ist, und weil die geringen Unterschiede, die sich in der Fülle des Angebots noch erkennen lassen, keinen starken Anreiz mehr bieten. Man wird zwar immer wieder versuchen, neue Bedürfnisse zu schaffen, aber wer ständig satt ist, kann kaum noch hungrig gemacht werden.«
»Es wird sich also allmählich eine Langweile und Unzufriedenheit ausbreiten, wie sie die Reichen kennen, die sich ohne jede Anstrengung in jedem Augenblick jeden Wunsch erfüllen können.«
»Das wird, so paradox es klingen mag, den Menschen der Zukunft am meisten zu schaffen machen, daß sie sich kaum mehr anstrengen müssen. Sie brauchen sich nicht einmal von der Stelle zu rühren, um Freunden oder Bekannten zu begegnen. Das Videophon bringt sie zueinander, ganz gleich, wo sie sich aufhalten. So wie man sich heute die Mühe eines Briefes erspart, weil man viel bequemer telephonieren kann, so wird man sich in dreißig Jahren die Mühe einer Reise ersparen, weil man nur das Videophon einzuschalten und die entsprechende Nummer zu wählen braucht. Das natürliche Bedürfnis, anderen Menschen nahe zu sein und sie als reale Personen um sich zu haben, wird durch die Vortäuschungen des Videophons mehr und

mehr veröden. Die Menschen werden auch kaum noch ein echtes Verhältnis zur Wirklichkeit haben, weil ihnen die hinter dem Videoschirm vorgegaukelte Wirklichkeit so übersteigert dargeboten wird, daß ihnen die reale Umwelt blaß und flach erscheinen muß.«

»Ist das Unbehagen, das sich zwangsläufig daraus ergibt, nicht ein zu hoher Preis für die Annehmlichkeiten, die das Laserlicht als Kommunikationsmittel zu bieten vermag?«

»Ist die Eintönigkeit, die das Fernsehen in das abendliche Familienleben gebracht hat, ein zu hoher Preis für die Information und Unterhaltung, die der Bildschirm bietet? Haben die Propheten früherer Zeiten, die in ihren Visionen den Fluch des Fortschritts ausmalten, recht behalten? Würden wir auf die Errungenschaften, die aus dem naturwissenschaftlichen und technischen Fortschritt bis heute erwachsen sind, verzichten wollen? Können wir uns unser Leben überhaupt noch anders vorstellen?

Es war doch stets so, daß sich die Menschen im gleichen Maß, in dem sie die Welt verändert haben, selbst gewandelt haben. So wird es wohl auch weiterhin sein: Mit neuen Möglichkeiten entstehen neue Bedürfnisse und Ansprüche, und aus ihrer Befriedigung ergeben sich neue Lebens-, Denk- und Anschauungsformen.

Wir machen jenen, die unsere gegenwärtige Lebens-, Denk- und Anschauungsweise vorbereitet haben, keinen Vorwurf. Und wir werden, solang wir nur neue Möglichkeiten bieten und mit diesen neuen Möglichkeiten nicht selbst Unheil anrichten, auch aus der Zukunft keinen Vorwurf zu erwarten haben.

Die Menschen von morgen zu beneiden oder zu bedauern, was hätte das für einen Sinn? Wir können uns zwar die Mittel vorstellen, über die sie verfügen, aber nicht den Wert, den sie ihnen beimessen werden.«

Bildquellen

Photographische Aufnahmen und schematische Darstellungen auf den Seiten 49, 59, 60, 69–72, 105, 106, 158, 176 Siemens AG; Abbildungen auf den Seiten 50, 175 Schott-Werke in Mainz; auf Seite 147 Dr. Franz Fankhauser, Oberarzt an der Universitätsaugenklinik in Bern; auf Seite 157 Dr. Hartwig Müßiggang, Facharzt für Chirurgie und Urologie an der Poliklinik der Universität München.

Register

Peter von der Osten-Sacken
Kosmos plus minus

Der Bau des Universums. 250 Seiten. 40 mehrfarbige Darstellungen auf Tafeln, Fotos und Textzeichnungen. Leinen DM 32,–

Patrick Moore
Den Sternen auf der Spur

Das neue Bild des Universums. 152 Seiten. 26 Zeichnungen im Text. 24 Abbildungen auf Kunstdrucktafeln. Leinen DM 16,80

Werner Büdeler
Aufbruch in den Weltraum

Mit den neuesten Apollo-Ergebnissen
und einer Vorschau bis zur Raumstation 1972
300 Seiten. 233 Abbildungen. Leinen DM 22,80

George Gamow
Sonne – Stern unter Sternen

Übersetzt und überarbeitet von Werner Büdeler
224 Seiten mit 73 Abbildungen und Sachregister. Leinen DM 16,80

George Gamow
Erde – unser Planet

Aus dem Amerikanischen. 264 Seiten mit 61 Abbildungen
Leinen DM 19,80

Karl Radwit
Kollege Roboter

Unsere Zukunft mit dem Elektronenrechner. Sonderausgabe
272 Seiten mit zwölf Seiten Fotos. Leinen DM 9,80

Ehrenwirth Verlag München